Kostolanys Börsenpsychologie

Das Buch

André Kostolany, Spekulant und Börsenprofi seit siebzig Jahren, zieht in diesem Buch die Summe seines Lebens, das er – neben seiner Liebe zur Musik – dem Geld gewidmet hat. Er hat mindestens fünfzehn Börsenkatastrophen überlebt, oft (fast) sein ganzes Geld verloren und noch häufiger sehr viel verdient. Dieses Buch handelt von den wenigen Topspekulanten, die nachdenken können und zum richtigen Zeitpunkt reagieren – und von den vielen Möchtegern-Börsianern, die immer etwas zu spät kommen, weil sie auf »todsichere« Tips hereinfallen. Lernen Sie mit André Kostolany, cleverer als die Masse zu handeln!

Der Autor

André Kostolany, 1906 in Budapest geboren, war seit den zwanziger Jahren an den großen Börsenplätzen der Welt zu Hause und lehrte in Paris, München, New York und an der Côte d'Azur. Er hielt Vorträge und Seminare und schrieb regelmäßig für das Wirtschaftsmagazin *Capital*. In unserem Hause erschienen bereits seine Bestseller:
Kostolanys beste Geldgeschichten
Kostolanys Börsenseminar
Weisheit eines Spekulanten

André Kostolany

Kostolanys Börsenpsychologie

Econ Taschenbuch Verlag

Econ Taschenbuch Verlag 1998
Der Econ Taschenbuch Verlag ist ein Unternehmen der
Econ Ullstein List Verlag GmbH & Co. KG, München
4. Auflage 2000

Umschlagkonzept: Büro Meyer & Schmidt, München – Jorge Schmidt
Umschlaggestaltung: Init GmbH, Bielefeld
Titelabbildung: dpa
Druck und Bindearbeiten: Ebner Ulm
Printed in Germany
ISBN 3-612-26562-8

PHANTASIE IST WICHTIGER
ALS WISSEN.

Albert Einstein

Inhalt

Vorwort

Der Titel der ersten Kolumne aus Kostolanys Feder, die mir 1965 in die Hände fiel, hieß: »Bekenntnisse eines Spekulanten«.
In einem seiner Bücher bekennt er:
»Finanzminister sein: kann ich nicht,
Bankier sein: will ich nicht,
Spekulant und Börsianer: das bin ich.«

Seit 70 Jahren hat er sich mit dieser geheimnisvollen, kapriziösen Börse beschäftigt, in der sich volkswirtschaftliche Fakten mit phantasievollen Geschichten und oft gezielt ausgestreuten Gerüchten, Halbwahrheiten und Tips vermischen, die – getrieben von Angst und Gier – oft zu scheinbar völlig unlogischen, irrationalen Kursbewegungen führen.

Sie ist für ihn nicht nur Tätigkeitsgebiet, sondern heute mehr denn je Studienobjekt. Nach dem Ersten Weltkrieg von seiner Heimatstadt Budapest nach Paris ausgewandert, begann für Kostolany eine Karriere, die mehr war als nur ein Beruf, sondern eigene Lebensgeschichte. Er nennt die Börse einen Dschungel, und das Lehrgeld, das er bezahlt habe, mache ein Mehrfaches von dem aus, was ein Harvard-Studium koste – und sei auch ein Mehrfaches wert.

Er kam von der Praxis zur Theorie und sammelte seine Erfahrungen mit eigenem Geld, im Gegensatz zu den meisten anderen, die von der Theorie zur Praxis gehen und ihre Erfahrungen mit fremdem Geld sammeln. Eine seiner ersten Erfahrungen war die, daß an der Börse alles möglich sei – sogar das, was logisch ist.

Für Kostolany genügt es nicht, an der Börse alle Daten zu kennen. Motor der Spekulation und Voraussetzung für den Erfolg bleibt die Phantasie. Daher verachtet er die Systemspekulanten und Börsencomputer, denn ihnen fehlt die Phantasie. Das Menschliche – oft Allzumenschliche – ist es, das Börsenbewegungen antreibt und vor allem übertreibt. Das ist der Hauptgegenstand dieses Buchs.

Gerade uns Deutschen hält er vor, wir seien der Tükke des Geldes nicht gewachsen. Das deutsche Volk der Romantiker, Philosophen und Musiker sei in Geldangelegenheiten unromantisch und verliere jeden Hang zur Philosophie und besonders zur Phantasie. Da könnte etwas Wahres daran sein. Als ich Kostolany 1969 zum erstenmal in München traf, sprach ich ihn auf seine Äußerung an, uns Deutschen fehle 30 Jahre Investmenterfahrung, sonst wären wir zum Beispiel nicht auf den IOS-Rummel, vor dem er als einer der wenigen gewarnt hatte, hereingefallen. Ich stellte ihm die Frage, ob er bereit wäre, seine Börsenerfahrung in eine gemeinsame Aktivität einzubringen und so das Börsendefizit der Deutschen etwas abbauen zu helfen. So begann damals unser »Joint-venture« – Vermögensberatung und Börsenseminare –, das bis heute andauert.

Entgegen unserer ursprünglichen Erwartung erfreuten sich die Börsenseminare wachsenden Zustroms, besonders auch junger Leute. Der Lehrstoff ist in dem

1986 erschienenen Buch »Kostolanys Börsenseminar für Kapitalanleger und Spekulanten« enthalten. Das Buch wurde ein Bestseller. Viele, die es gelesen und die Ratschläge befolgt haben, konnten inzwischen schöne Börsengewinne machen und sich besser vor Verlusten schützen.

Auch das jetzige Buch ist Pflichtlektüre für erfolgreiche Börsianer und Kapitalanleger. Es lüftet Börsengeheimnisse, und es erzieht zu selbständigem, unabhängigem Denken und Handeln. Es ist kein Lehrbuch, mehr eine Erzählung von einem, der von sich sagt: »Ich lehre nicht, ich erzähle.«

Als geistig, beruflich und materiell Unabhängiger kann er die Rolle leben, die ihm auf den Leib geschrieben ist: als Antikonformist, couragiert, engagiert und manchmal enragiert für einen sauberen Kapitalismus zu kämpfen und mit seiner unnachahmlichen Chuzpe jeden einen Spitzbuben oder Schlimmeres zu nennen, den er dafür hält. Er nimmt auch Banken davon nicht aus, ja, es bereitet ihm diebische Freude, ihre Fehltritte justament vor ihren eigenen Kunden zu kritisieren.

Ich wünsche den Lesern dieses Buches geistiges Vergnügen und materiellen Erfolg und dem Autor, meinem väterlichen Freund und Partner Kostolany, daß er noch lange mit Charme, Esprit, Lebensfreude und unbändigem Optimismus seinen Lesern und Schülern den Weg zum Börsenerfolg weisen kann.

Gottfried Heller
(Seit über 20 Jahren Partner
von André Kostolany)

ANTRITTSVORLESUNG:

Neulich traf ich mich

Während einer internationalen Banking Conference in München konnte ich eines Abends in der berühmten Halle des Bayerischen Hofes, dem Treffpunkt der großen Welt, eine Versammlung der US-Hochfinanz beobachten. Da sah ich viele berühmte und bedeutende Wirtschafts- und Finanzpolitiker. Und in einem Winkel, etwas versteckt, aber ganz offenbar mit gespitzten Ohren, saß ein junger Mann von etwa zwanzig Jahren. Ich kenne ihn. Sein Name ist André Kostolany. Er nennt sich Spekulant, weil er nichts anderes im Leben tut, als Ereignisse analysieren, um danach an den verschiedenen Börsen zu operieren. Als ich ihn ansprach, erwiderte er unfreundlich: Ja, ich hab' dich auch erkannt. Du bist doch mein »Altes Ego«. Du fragst mich, was ich hier tue? Siehst du denn nicht, wer alles hier herumsitzt? Wenn ich nur ein Wort, eine Information erlausche, kann ich mir ein Vermögen daraus machen.

Ich: Mein Gott, bist du schlecht informiert, daß du Informationen so wichtig nimmst. Kennst du nicht meine Devise: »informiert = ruiniert«?

Er: Willst du denn behaupten, daß diese Herren nichts wissen?

Ich: Sie wissen das Wichtigste nicht. Sie kennen zwar

alle Ziffern, aber sie können nicht einmal feststellen, ob die USA sich heute in einer Rezession befinden oder nicht. Der eine will die Geldmenge erhöhen, der andere vermindern. Einer ist für Steuererhöhung, der andere schwört auf ein Budgetdefizit. Einer sieht die größte Gefahr im Zahlungsbilanzdefizit, ein anderer pfeift darauf. Wenn sie nicht die gegenwärtige Situation richtig einschätzen können, wie wollen sie dann die Zukunft voraussehen?

Er: Ich sagte ja, du bist alt geworden. Weißt du denn nicht, daß man heute Computer und Analysen verwendet?

Ich: Ihr glaubt, das alles wäre exakte Wissenschaft. Es war ein Irrtum, diese Konferenz in der Akademie der Wissenschaften abzuhalten. Denn weder Volkswirtschaft noch Finanzlehre ist eine Wissenschaft. Sie sind eine Kunst. In der Münchner Pinakothek wäre die Konferenz eher zu Hause gewesen.

Er: Warum bist du ein solcher Pessimist?

Ich: Ich bin es durchaus nicht. Doch mit 70 Jahren Erfahrung bin ich kritisch geworden. Während meiner Laufbahn habe ich sehr oft Geld gerade damit verdient, daß ich das Gegenteil von dem gemacht habe, was als heißer Tip galt. Und die verantwortlichen Großen sagen auch fast immer das Gegenteil von dem, was sie planen. Hatte nicht Sir Stafford Cripps, britischer Finanzminister, vor dem Parlament einst erklärt, daß eine Pfundabwertung ausgeschlossen sei? Vierzehn Tage später wertete derselbe Finanzminister ab – ohne selber abzudanken – und ist doch ein perfekter englischer Gentleman geblieben. Auch in Deutschland herrscht in Währungsfragen die größte Verwirrung. Jeder sagt etwas anderes, und die Bundesbank scheint den Börsenspielern vorläufig nicht gewachsen zu sein. Hätte sie erfahrene Spekulanten als Berater, würde sie mit den DM-Manipulanten Katz und Maus spielen können. Werden nicht aus Ganoven die besten Gendarmen?

Er: Man soll also überhaupt nichts wissen!

Ich: Das habe ich durchaus nicht gemeint. Im Gegenteil. Man muß sehr viel wissen, aber nicht die Ziffern, die in allen Büchern und Computern zu finden sind. Man muß die Zusammenhänge verstehen und die Nachrichten interpretieren können. Man muß Inspiration haben, Erfahrung und wieder Erfahrung, gemischt mit vielen Watschen, und meine Bücher sorgfältig studiert haben. Und dann kann man . . .

Er: Verstanden. Dann kann ich vielleicht in 60 Jahren so schlau sein wie du.

Erste Vorlesung:

Die Börse besteht zu 90 Prozent aus Psychologie

Mein Vetter George Katona, er lebte in den Vereinigten Staaten, hatte aber auch in Deutschland studiert, war Professor der ökonomischen Wissenschaften und hatte sich auf das Fachgebiet Wirtschaftspsychologie spezialisiert. Seine Fachbücher (u. a. »Der Massenkonsum«, »Psychological Economics«, »Das Verhalten der Verbraucher und Unternehmer«) dienen bis heute als Standardwerke für diese immer noch etwas vernachlässigte Forschungsrichtung.

Nach dem Erscheinen meines Buches »Si la bourse m'était contée« (in der deutschen Übersetzung lautete der Titel »Das ist die Börse«) vor bald dreißig Jahren bekam ich einen Brief von ihm: Er habe mein Buch mit Vergnügen und Zustimmung gelesen. Aber in einem Punkt stimme er mit mir nicht überein, nämlich daß, wie ich geschrieben hatte, die psychologischen Reaktionen des Börsenpublikums oder des einzelnen Anlegers nicht abzuschätzen und zu kalkulieren seien. »Sie sind meß- und abschätzbar«, fügte er hinzu, »und ich werde es Dir im Sommer erklären, wenn ich nach Paris komme.« Leider starb er kurz darauf und blieb mir so seine Erklärung schuldig.

Ich habe dann später viel darüber nachgedacht, welche Gründe ihn zu der Auffassung bewogen haben mochten, die Psychologie des Publikums sei berechenbar. Nach langem Überlegen über diese für jeden Spekulanten eminent wichtige Frage bin ich dann zu der Ansicht gelangt, daß die tieferen psychologischen Motivationen des einzelnen und der Masse sowie ihre Reaktionen in einer bestimmten Situation sich tatsächlich der Vorhersage entziehen. Doch die Intensität der Summe von Einzelentscheidungen, also die Heftigkeit der massenpsychologischen Reaktion wie auch den ungefähren Zeitpunkt kann man als erfahrener Börsianer tatsächlich manchmal – nein, nicht »voraussehen«, sondern – *ahnen* oder *erraten*.

Ich behaupte, daß die Rolle der Psychologie im Börsengeschehen gar nicht überschätzt werden kann: Kurz- und mittelfristig macht sie 90 Prozent aus! Börsenpsychologie ist eine »Wissenschaft«, die mit sehr viel Fingerspitzengefühl betrieben werden muß, sie ist fast eine Kunst. Die am häufigsten gebrauchten Wörter an der Börse sind: Vielleicht, hoffentlich, möglich, es könnte, nichtsdestoweniger, obwohl, zwar, ich glaube, ich meine, aber, wahrscheinlich, das scheint mir . . . Alles, was man glaubt und sagt, ist bedingt und kann auch ganz anders gesehen werden.

Die schwächste Aktie an allen Börsen der Welt ist heute die Aktie der »Logik-AG«, denn ihre Kurse folgen dem Trend überhaupt nicht. Sie wackeln hin und her und spiegeln nur die Reaktionen von 100 000 hysterischen Börsenprofis und Halbprofis wider, deren Meinung sich oft von Minute zu Minute ändert.

Gern wird behauptet, die Börse sei heute völlig undurchsichtig. Wäre sie durchsichtig, wäre sie keine Börse. Die Börsenspieler fischen im trüben Wasser, das sie selber mit ihrem vielen leeren Geschwätz noch trüber machen. Die Medien verbreiten solche *»Börsenweisheit«* weiter. Und so herrscht in den Berichten und Kommentaren *totale Konfusion.* Meist verändern sich erst die Kurse, und die rasch erfundenen Begründungen werden nachgeliefert.

Heute sagt man: Die Kurse fallen aufgrund der rückläufigen Arbeitslosigkeit, deren inflatorische Wirkungen zu höheren Zinsen führen. Ein paar Tage später hingegen ängstigt man sich vor einer steigenden Arbeitslosigkeit als Zeichen einer schwächeren Wirtschaft. Mal wird das tiefere Handelsbilanzdefizit als günstig interpretiert, mal wird es negativ aufgenommen, weil ein zu großer Export inflatorisch wirkt. Einen Tag hält man einen festen Dollar für gut, weil nun die Fed die Zinsen nicht erhöhen müsse, was zufälligerweise auch logisch ist. Zwei Tage später bezeichnet man den Dollar als negativen Faktor und so weiter, und so weiter. Sind die Profis schlecht gelaunt, nützt alles nichts.

Ich muß zugeben, oft kann auch ich nicht erraten, ob die Reaktion des Publikums auf ein bestimmtes Ereignis, eine Finanzinformation, auch nur ein Gerücht positiv oder negativ ausfallen wird. Allein deswegen, weil die Anleger in der Regel selbst nicht wissen, wie sich eine bestimmte Nachricht auf das wirtschaftliche Geschehen auswirken wird, ob sie nun gut oder schlecht für ihr Engagement oder die Börse allgemein zu bewerten ist. Die Börse benimmt sich oft wie ein Alkoholiker; auf gute Nachrichten weint sie, auf schlechte lacht sie. Zur Illustration möchte ich ein Beispiel aus der Devisenspekulation anführen.

In den siebziger Jahren, als der Dollar unter Amerikas seelischen Komplexen leiden mußte, wurde das Ölsyndikat der arabischen Länder gegründet, das in der Folge die Ölpreise stetig erhöhte. Bei jeder Preiserhöhung schrien die Dollarspekulanten auf: Höhere Ölpreise wirkten inflatorisch, und das sei äußerst schlecht für den Dollar. Also spielten sie *à la baisse,* und der Dollar fiel beständig.

Schon damals schrieb ich in meinen *Capital*-Kolumnen, wie unsinnig diese Reaktion gewesen sei. Wird der Ölpreis erhöht, so bedeutet das für die großen Industrieländer wie Japan, Frankreich oder die Bundesrepublik, daß ihr Dollarbedarf wegen der höheren Ölrechnungen wächst. Die Nachfrage nach Dollar vergrößerte sich also, und das wäre eher ein Hausse-Motiv gewesen. Statt dessen spielten die Spekulanten den Dollar immer weiter herunter.

Einige Jahre später, in den Achtzigern, als sich die amerikanische Währung auf erneuter Talfahrt befand, erklärte man dann diese Entwicklung – völlig entgegengesetzt – damit, daß sich der Ölverbrauch zum einen weltweit verringert habe und zum anderen der Preis gefallen sei. Diesmal traf die Schlußfolgerung immerhin zu: Die Industrieländer benötigten weniger Dollar, und somit ging die Nachfrage nach dieser Währung zurück.

In den siebziger Jahren, als der Begriff »Ölschock« geprägt wurde, hörte man auch andere Einschätzungen: Wenn der Ölpreis steige, so bedeute das, daß die arabischen Länder größere Dollarbeträge zu ihrer Disposition hätten, mit denen sie wiederum Waren aus den Industriestaaten des Westens erwerben könnten. Das sei gut für die Konjunktur. Wieder andere Stimmen wurden laut, die besagten, die enorm erhöhten Ausgaben der Verbraucher für Benzin und Heizkosten schränkten die Mittel für andere Konsumausgaben erheblich ein und bedeuteten damit eine ernste Gefährdung der wirtschaftlichen Entwicklung.

Kurz und gut: Die Erklärungen folgen immer im nachhinein. Die Börsen- oder Devisenkurse machen eine Bewegung herauf oder herunter, und nachher erklären die unzähligen Spieler, Spekulanten, Anlageberater und Analysten ganz genau – oft mit völlig gegensätzlichen Argumenten –, warum es einfach so kommen mußte. Die Kurse machen erst die Nachrichten – die dann weiterberichtet werden – und nicht die Nachrichten die Kurse!

Oft sind die Nachrichten aus der »Außenwelt« – wie immer sie auch interpretiert werden mögen – auch überhaupt nicht ausschlaggebend für die Kursentwicklung. Die Anleger sind oft pessimistisch, ohne einen wirklichen sachlichen Grund dafür zu haben. Ihnen geht es wie meinem alten Freund Grün, Wiener Flüchtling in New York, dem sein Kollege die Frage stellte: »Sag, bist du happy in Amerika?« »Happy schon«, war die melancholische Antwort, »aber glücklich bin ich nicht.« Die Ursache für diesen Pessimismus ist im Charakter vieler Börsenteilnehmer angelegt, denn sie sind Spieler, die nicht viel nachdenken und wenig über äußere Ereignisse reflektieren, sondern die etwas kaufen oder verkaufen wollen, um schnell einen guten Schnitt zu machen und im Spiel zu bleiben: Menschen, bei denen die Leidenschaft durchgeht.

Je mehr diese Spieler ins Börsengeschehen eingreifen, um so instabiler wird das Börsenklima. Dann stehen subjektive Faktoren im Vordergrund, die Frage etwa, wie engagiert die Spieler sind, ob sie ihr ganzes Geld in Wertpapieren investiert haben oder sogar noch mehr, als sie hatten. Wenn bestimmte Ereignisse auf eine von Spielern dominierte Börse treffen, etwa bestimmte politische Geschehnisse, dann werden diese eine ganz andere Wirkung entfalten können, als wenn die Portfolios des Publikums leer wären.

Sehr häufig ist es der Fall, daß die Börsenkurse steigen und zugleich sehr große Umsätze gemacht werden. Die Analysten sagen in solchen Situationen, die Börse sei stabil, weil die hohen Umsätze davon Zeugnis ablegten, daß das Publikum sich für die Börse interessiere. Das ist meines Erachtens grundfalsch. Je höher die Umsätze an der Börse sind, bei steigenden Kursen, desto mehr Papiere wechseln von den »starken« in die »schwachen« Hände, das heißt von psychologisch festen zu psychologisch schwankenden Börsenteilnehmern. Befinden sich aber alle Papiere in den schwachen Händen, dann steht der Krach todsicher vor der Tür.

Die Intensität der psychologischen Reaktion des Publikums hängt meiner Überzeugung nach ausschließlich von dieser »technischen Verfassung« des Marktes ab – doch damit greife ich schon meiner ersten Lektion in »Börsenpsychologie« vor.

Mancher mag es vielleicht als Anmaßung empfinden, daß ich hier als »Börsen- und Wirtschaftspsychologe« auftrete, wo ich doch weder Volkswirtschaft noch Psychologie studiert habe. Letzteres gebe ich gerne zu, aber um so mehr habe ich im Dschungel eines langen Börsenlebens gelernt, wo ich viel mehr Lehrgeld zahlen mußte. Ein Glück! So bin ich stets bei objektiven Analysen vollkommen unvoreingenommen geblieben.

Aber, und darauf lege ich Wert: Überlegung, Logik, Präzision gehören durchaus zu meinem Handwerk. Ich mag keine Irrtümer in meinem Gedankengang, wenn ich eine Spekulation plane, wie auch keine falschen Noten in der Musik.

Nicht jeder schätzt die Arbeit des Nachdenkens so wie ich. Als ich kürzlich in Darmstadt an der Technischen Hochschule einen Vortrag vor eintausend Studenten hielt, stellte gegen Ende der anschließenden Diskussion einer von ihnen folgende interessante und geistreiche Frage: »Lohnt es sich denn überhaupt, zur Börse zu gehen, wenn man soviel denken und überlegen muß?« Er hatte wohl gemeint, man brauche nur regelmäßig Börsenbriefe zu lesen, um ein erfolgreicher Spekulant zu werden.

Professoren schmunzeln oft über meine Äußerungen und Thesen, hören mir aber dennoch aufmerksam zu, ganz zu schweigen von den Tausenden Interessenten, die meine Seminare besuchten, oder eben von den Studenten, für die ich an zahlreichen Hochschulen Vorträge hielt. Die Professoren halten mich wohl für einen ungeschulten Scharlatan. Welche Rolle spielt das in meinem Alter für mich? Dann bin ich eben ein alter Scharlatan. Denn lieber bin ich ein ungeschulter Spekulant, der seinen Buckel seit über 70 Jahren in 70 Börsen herumführte, als ein geschulter Wirtschaftsprofessor, der noch nie 24 Stunden auf dem Börsenparkett verbrachte.

Ich habe jetzt sogar einen Wirtschaftswissenschaftler der Universität Konstanz, der mich vor seinen Studenten als Scharlatan bezeichnet hatte, zum Duell gefordert: Wir beide stellen uns einer Fachdebatte vor Publikum. Dann würden wir ja sehen, wer mehr von Wirtschaft und Finanzen verstehe. Aber bisher hat er auf meine Herausforderung nicht reagiert.

Daher lege ich nun meinen Lesern meine gesammelten Erfahrungen und Schlußfolgerungen zur Psychologie der Menschen und Massen vor – als eine Art Kolleg am Kaffeehaustisch, nicht mit übertriebener akademischer Strenge, dafür hoffentlich immer kurzweilig vorgetragen. Auch die Geschichten aus meinem Leben, meine Erinnerungen an Spekulanten, Spieler und andere Schlawiner, haben immer mit der Börse zu tun (sie ist mein Leben!) und gehören zur Summe der Lebenserfahrung, die es mir ermöglicht hat, das große ›Psychospiel‹ Börse zu durchschauen und – zumindest in 51 von 100 Fällen, wie ich gerne sage – erfolgreich durchzustehen.

ZWEITE VORLESUNG:

Von der Faszination des Geldes

»Geld ist nicht alles, aber viel Geld ist schon etwas«, sagte George Bernard Shaw einmal treffend. Immer wieder haben die Philosophen die Frage leidenschaftlich erörtert: Ist der Drang nach Geld moralisch gerechtfertigt oder nicht? Ein objektives Urteil ist unmöglich. Aber eines ist sicher: Die Faszination des Geldes und der Drang danach ist der Motor für den wirtschaftlichen Fortschritt.

Eine präzise Analyse der Faszination des Geldes ist schwer. Sie hängt immer vom Charakter des Faszinierten ab: Warum er fasziniert ist und ab welcher Summe.

»Er ist ein schwerer Millionär«, sagten einst die Wiener, »er hat sicherlich 100 000 Gulden.« Das war zu dieser Zeit nicht einmal paradox, denn das Wort Millionär bedeutete nicht unbedingt, daß der Genannte tatsächlich eine Million besaß. »Millionär« stand – und steht wohl immer noch – für den reichen Mann, dem der geziemende Respekt gebührt, so wie es auch »ein Rothschild« oder »ein Krösus« heißt.

Ich habe Freunde, die sich, wenn sie hundert Mark in der Tasche haben, als Millionäre fühlen, und auch solche, die wie bei Meerwasser »immer durstiger werden, je mehr sie davon trinken« (Schopenhauer). Viele sind ganz besonders von dem Geld der anderen fasziniert und zerbrechen sich den Kopf darüber, wieviel Geld der eine oder der andere besitzt. Sie seufzen immer, wenn sie über einen prominenten Reichen hören: Wieviel Geld er wohl haben mag?! Ihre Gedanken über Menschen und Objekte kreisen immer um ihren Wert.

Eines Tages bekam ich einen Anruf von einer Finanzjournalistin, die eine Umfrage veranstaltete. Ihre Frage: »Herr Kostolany, Sie sind doch Börsenprofi mit großer Erfahrung. Wie erklärt es sich, daß Sie kein Millionär sind?« Ich war etwas konsterniert und gab zurück: »Erstens ist Ihre Frage reichlich indiskret. Zweitens: Woher wissen Sie, daß ich kein Millionär bin? Muß ich Ihnen mein Bankkonto offenlegen? Aber keine Sorge, ich werde Sie nicht anpumpen.«

Wie oft bekam ich die Antwort, wenn ich mich nach dem Wohlbefinden oder der Arbeit eines Bekannten erkundigte: »Oh, er hat sehr viel Geld.« Viele respektieren sogar das Geld, das andere einst hatten und jetzt nicht mehr haben. Es gibt auch solche, die von ihrem eigenen Geld fasziniert sind. Die liebkosen und bewundern ihr Geld, lassen sich davon hypnotisieren. Ein guter Freund, der ein Poet war, sagte mir einmal: »Wenn ich viel Geld hätte, würde ich mein ganzes Vermögen den Reichen überlassen, da sie das Geld so lieben.« Ich kannte einen, dessen Lieblingszeitvertreib es war, in seinem Bankkonto die Zahlen zu addieren. Er sagte, er könne seine Langeweile damit am besten töten.

Dann gibt es auch diejenigen, die zwar viel Schönes und Teures erwerben könnten, es aber nicht tun, weil ihnen der Gedanke genügt, es tun zu können. Sie spüren die Strahlung des Geldes – und das macht sie schon glücklich, reicht ihnen bereits aus.

Ich hatte einen Freund, der, wenn er das Wort Geld aussprach, seine Brieftasche durch den Stoff des Jaketts streichelte, mit dem Gefühl, daß alle Genüsse des Lebens im Scheckbuch kondensiert seien. Ich habe ihn einmal auf diese häßliche Geste aufmerksam gemacht, die ihm selbst ganz unbewußt war. Er war mir für diesen Hinweis sehr dankbar und unterließ sein obszönes Streicheln fortan. Ein anderer erzählte mir, daß er jedesmal, wenn er Kasse machte und sie sehr positiv war, Libido spürte. Für einen anderen dagegen war es klar, daß er an einem Tag, an dem er die Börse mit großem Verlust verlassen mußte, direkt ins Bordell ging.

Glücklicherweise gibt es Leute, die dank ihres Geldes alle Freuden des Lebens wirklich genießen wollen. Sie begnügen sich nicht mit dem Studium einer Speisekarte, sondern wollen sie auch auskosten.

Für viele bedeutet das Geld auch Macht und Statussymbol: Es bringt ihnen Freunde, Heuchler, Neider und Komplimente und zieht Schmarotzer an. Sie sind vom Geld fasziniert, weil sie wissen, daß ihr Geld viele andere fasziniert; sie wollen nicht nur den materiellen Luxus genießen, sondern auch die Macht des Geldes spüren, nämlich die Servilität der anderen.

Besonders fasziniert vom Geld sind diejenigen, die einmal viel Geld hatten; sie müssen einen starken Charakter besitzen, um den Schmerz überwinden zu können. Der französische Marquis Boni de Castellane, der berühmteste Kavalier um die Jahrhundertwende, schrieb in seinen Memoiren, wie unglücklich er an dem Tag gewesen sei, als er nicht mehr der Mann der amerikanischen Milliardärin Anna Gould war. Natürlich mußte er nicht Steine klopfen, aber die Zeit, wo er mit Millionen herumschmeißen konnte, war vorbei. Sein

Kommentar: »Seit ich ruiniert bin, kenne ich meine Schwächen.«

Eine rein theoretische Faszination existiert bei den Hasardspielen. Wenn das Spiel nicht um Geld, sondern um Bohnen gehen würde, wäre das kein Nervenkitzel mehr. Das Geld kann für viele auch eine Entschädigung sein für Miseren, zum Beispiel physische Behinderung, Häßlichkeit und so weiter. Oder es tröstet einen, der gesellschaftliche Ambitionen hat, seiner bescheidenen Herkunft wegen aber daran gehindert ist. Geld kann ihm die Ahnen ersetzen. Die berühmte Gesellschaftsjournalistin Elsa Maxwell machte in den heroischen Jahren des amerikanischen Aufschwungs eine glänzende Karriere dadurch, daß sie die neuen amerikanischen Millionäre irischer Abstammung, die von den superfeinen »Mayflower«-Amerikanern nicht akzeptiert wurden, mit verarmten englischen Aristokraten zusammenbrachte. Diese neuen Millionäre fühlten sich plötzlich, durch ihren Umgang mit Earls und Dukes, dem steifen amerikanischen Geldadel ebenbürtig, und die Millionen der Neureichen faszinierten gleichzeitig den Adel, der kein Geld mehr hatte.

Vielen nützt das Geld, um damit protzen zu können. Einige lassen Bemerkungen fallen, um damit die Legende ihres Geldes zu verbreiten oder noch zu vergrößern. Kurz und gut, das Geld löst bei den Menschen die unterschiedlichsten Reaktionen aus.

Natürlich auch in der Liebe. Geld kann bei einer Frau aufrichtige Liebesgefühle erwecken. Das Geld symbolisiert in ihren Augen den Erfolg des Mannes, und ein erfolgreicher Mann fasziniert sie, besonders wenn sie auch davon profitiert. Sie liebt den Mann aufrichtig, auch weil er sie mit Luxus umgibt. Dagegen gibt es auch solche, die gerade den Mann hassen, von dem sie Geld bekommen, und den lieben, dem sie Geld schenken. Für viele gilt das Geld einfach nur als Maßstab des Erfolges, ohne daß sie vom Geld selber fasziniert sind. Ich habe noch heute in den Ohren, wie einst die berühmte Max-Reinhardt-Schauspielerin Lili Darvas gleich nach ihrer Ankunft in Paris zu mir sagte: »Jetzt werde ich mich sehr provozierend anziehen, dann gehe ich auf dem Boulevard spazieren und warte, daß man mich anspricht. Ich möchte wissen, wieviel man mir bietet, denn umsonst ist jede Frau schön!« Sie wollte herausfinden, wie hoch man sie als Frau in Bargeld einschätzte.

Ist jedoch eine Frau vom Geld an sich fasziniert, kann das für ihren Mann oder Freund sehr gefährlich sein. Auch der größte Luxus – Schloß, Juwelen, Pelze, Autos – hat seine Grenzen, und man wird von einem gewissen Punkt an übersättigt sein. Ein Bankkonto allerdings, in das sich eine Frau verliebt, hat keine Grenzen, es ist eine Art Faß der Danaiden.

Wie weit die Faszination des Geldes die Gedanken des Menschen pervertieren kann, soll folgende Anekdote illustrieren: »Hast du schon gehört?« fragt einer seinen Bekannten, »unser Freund Meier ist gestorben!« »Oh, wie traurig«, ist die Antwort, »was hat er denn gehabt?« »Ich schätze um die zwei Millionen.« »Das meine ich nicht, sondern was ihm gefehlt hat?« »Vielleicht so um die halbe Million.« »Du verstehst mich immer noch nicht! Woran ist er gestorben?« »Ach so«, ist die Antwort, »ganz klar: an der Differenz!«

Der Kosmos des Geldes – es ist nicht immer eine schöne Welt. Das Geld hat eine Radioaktivität, es kann korrumpieren und oft die häßlichsten Eigenschaften des Menschen ans Tageslicht bringen.

Heute habe ich zum Geld eine sehr neutrale Beziehung. Das war aber nicht immer so.

Als mein Vater mich in meiner frühen Jugend aus dem verarmten und heruntergekommenen Budapest nach Paris schickte, um dort in das Börsenhandwerk eingeführt zu werden, da war ich dank meiner Eltern versorgt, hatte die lebensnotwendigen monetären Mittel, aber ich kam eben nach Paris. Ich kam in eine Stadt, die damals Mittelpunkt der Welt war. Diese Stadt war phantastisch, ein gigantischer Lunapark. Alles war voll mit Waren, mit Luxus. Dieser Luxus und die Lust am Leben waren überall spürbar.

Paris . . . »J'ai deux amours, mon pays et Paris.« Ich habe zwei Lieben, meine Heimat und Paris.

Die Bananen-Kolliers einer bezaubernden Tochter der Antillen, Josephine Baker, wippten den Takt zu diesem Lied, das ich zu meinem Glaubensbekenntnis gemacht habe. Paris, das bedeutete ein ganzes Leben von Luxus, Vergnügen und Festlichkeiten, das ich mit Hilfe des Orientexpresses kennenlernen wollte, als ich ihm eines schönen Abends entstieg wie Balzacs Held Rastignac seiner Postkutsche.

Ich wußte noch nicht, daß diese Welt ein verbotenes Paradies, zum Greifen nahe und doch unerreichbar, bleiben würde, wenn man nicht den Schlüssel hatte, um sich Zutritt zu verschaffen: das Geld. Und ich hatte nicht genug in der Tasche, bei weitem nicht.

Das Schauspiel war faszinierend anzusehen, aber das war nicht genug.

Mit Schildpattbrille und schwarzen Fransenhaaren erschien Fujita auf dem Montparnasse, gefolgt von Kiki, seinem Lieblingsmodell, um mit seinen Freunden Kisling, Vertès und anderen an den Holztischen der Rotonde und des Dôme zu diskutieren.

Die eleganten Damen ließen sich nach Longchamp und Auteuil begleiten, um beim Rennen die Kleider zu zeigen, die Poiret für sie entworfen hatte. Auf seiner Jacht in Boulogne empfing der Schneider als Grandseigneur seine Freunde aus der besten Gesellschaft und spielte ihnen, wenn schon der Morgen dämmerte, die neuesten Melodien aus New Orleans vor. Auf den Champs-Élysées und auf den Boulevards standen die Leute Schlange, um Chaplins Amerika in ›Goldrausch‹ und den Orient im ›Dieb von Bagdad‹ zu entdecken.

In den Romanen von Francis Carco machte man sich mit der Sprache des Volkes vertraut, und so gewappnet konnte man sich – denn das war chic – in den Bars der Pigalle unter das Volk mischen.

An anderen Abenden ging man, nachdem man mit Maurice Chevalier das neueste Couplet ›Valentine‹ mitgesummt hatte, bei Maxim soupieren, oder die Herren blieben im Café Weber unter sich, um über das neue Automodell oder die Beine der Mistinguette zu diskutieren. Die Engländer nahmen die Rasenflächen von Le Touquet in Beschlag, und die Gemeindeverwaltung erwog schon, die Straßennamen und Preisschilder in den Schaufenstern ins Englische zu übersetzen.

Wie ein Kind, das sich an der Scheibe einer Konditorei die Nase plattdrückt, so bestaunte ich dieses ungeheure Leben und Treiben.

Hier, in dieser Stadt, konnte man alles haben, man brauchte dafür wirklich nur eine einzige Sache: Geld.

So setzte sich ganz tief in meinem Kopf die Idee fest: Geld machen, viel Geld! Geld war damals noch viel wichtiger, lebensnotwendiger als heute, wenn man etwa an die Gesundheit denkt. Ich begann das Geld zu vergöttern, als einzigen Lebensinhalt, und seine Mehrung als einziges Lebensziel zu begreifen. Wenn man so den Mammon anbetet, dann verändert sich die Einstellung zum ganzen Leben, zur ganzen Welt. Alles andere, auch alle anderen Werte werden sehr niedrig eingeschätzt. Denn nichts ist irgend etwas an sich wert. Für Geld kann ich es überall und jederzeit bekommen. Cash muß man haben ...

An meinem ersten Tag an der Börse sprach mich ein sehr netter, älterer Herr an. »Junger Mann, was machen Sie hier? Ich habe Sie noch nie gesehen.« (Die meisten Börsenbesucher kennen einander vom Sehen.) »Ich bin Lehrling bei der Firma Alexandre.« »Ach«, sagte er, »Ihr Chef ist ein guter Freund von mir, und so werde ich Ihnen die ganze Börse kurz und präzise erklären: Ganz egal, was die Leute hier erzählen, Tips usw., alles hängt nur von einer Sache ab: Ob mehr Dummköpfe da sind als Papiere oder mehr Papiere als Dummköpfe.« Diese Devise hat für mich bis heute Gültigkeit behalten, und meine ganze Börsenphilosophie ist darauf aufgebaut: Angebot und Nachfrage.

Diese erste Zeit an der Börse war für mich besonders aufregend. Es war wie in einem riesigen Spielkasino. Geld lag in der Luft. Man brauchte nur eine Antenne zu haben, um es zu spüren und zu – erwischen ... Wollte ich meinem Mentor glauben, so war das nicht schwer. Es genügte, raffiniert zu sein, im Strom der Hausse schwimmen zu können, Vertrauen zu haben, »und am Ende des Monats geht man kassieren«, sagte er mit einem breiten Lächeln und klopfte mir auf die Schulter.

Ich verstand, ehrlich gesagt, nicht viel von dem Tohuwabohu, in dem ich einige hundert Personen sich umtun sah. Die fremden Namen der Wertpapiere (sogar noch viele alte russische Aktien), die ich noch nicht kannte, dröhnten in meinen halbtauben Ohren. Jüngere Knaben, die »grouillots«, eilten von einer Gruppe zur anderen. Mit dem kleinen Auftragszettel, den sie in der Hand hielten und auf dem Aufträge der Kunden verzeichnet waren, tanzten sie zwischen den verschiedenen Flügeln des Gebäudes eine schwindelnde Polka und stießen und drängten sich, ehe sie wieder in die verschiedenen Richtungen auseinanderliefen.

In der Mitte, am »Ring«, standen siebzig Herren, sommers wie winters dunkel gekleidet; es waren die Mitglieder der Kompanie der Kursmakler; mit den Ellbogen stützten sie sich auf die Balustrade, die sie vom Publikum trennte.

Wie die anderen schrien sie in diesem Höllenlärm: »Ich gebe, ich nehme.« Die ganze Welt schien in diesem Tumult vertreten zu sein.

Die einen rannten zu den Telefonzellen, um die ersten Ergebnisse durchzugeben. Andere flüsterten, die Hand als Sprachrohr vor dem Mund, ganz aufgeblasen von Wichtigkeit. Wieder andere kritzelten fieberhaft Zahlen in kleine schwarze Notizbücher.

Die allgemeine Nervosität ergriff mich gar nicht. Je mehr ich in diese neue Welt eindrang, um so mehr wurde ich von dieser aufschneiderischen Atmosphäre abgestoßen. Jeder behauptete, die beste Information geben zu können, prahlte, bei jedem Börsencoup zu gewinnen, seine Kunden immer richtig beraten zu haben, den unfehlbaren Tip zu kennen usw. Hörte man die umlaufenden Gerüchte, hätte man glauben können, es gäbe hier nur Genies oder Propheten. Alle berichteten selbstgefällig von ihren Erfahrungen oder Erfolgen, und jeder Satz begann mit den Worten: »Ich habe es doch gesagt.«

Trotz meiner Jugend und mangelnden Erfahrung gewann ich schon bald den Eindruck, daß man wohl nirgends auf der Welt so viele Dummköpfe und Aufschneider pro Quadratmeter finden könne wie hier, Typen, die sehr hoch über ihre geistigen Verhältnisse lebten. Dieser Meinung bin ich auch heute noch; nur gibt es diese Art von Börsentreiben heute nicht mehr. Die Transaktionen werden von den Büros aus, den Telekommunikationsposten getätigt. Wie in London, so auch in Paris sitzt der Händler vor einer Maschine mit Tastatur und tippt hinein, wieviel von welchem Papier und zu welchem Preis er kaufen oder verkaufen will. Und auch durch die Maschine bekommt er die Antwort von irgendeinem anderen Händler, daß er soundsoviel von dem verlangten Papier zu dem und dem Preis bekommen kann.

Dieselbe Arbeitsweise – allerdings nicht wie heute auf internationaler Ebene, sondern nur im kleinen – habe ich aber schon vor 60 Jahren in Stockholm sehen können. Wie in einem Schulsaal die Schüler, so saßen die Makler hier in einem Raum, jeder mit einer Tastatur vor sich. Am »Katheder« saß der Geschäftsführer, der die Papiere mit Namen nannte, und jeder mußte in die Tastatur eingeben, wieviel er kaufen oder verkaufen wollte. Die Rechenmaschine fixierte aufgrund von Angebot und Nachfrage die Kurse, bei denen die Transaktionen abgeschlossen wurden.

So wuchs ich allmählich in ein Milieu hinein, in dem alle Menschen überzeugte Kapitalisten waren. Für diese Leute waren Musik, Bilder, Kunst, sogar ein gutes Essen vollkommen unwichtig. Das einzige, dem man wirklich etwas abgewinnen konnte, war der schnöde Mammon. Und ich wurde in meinem neuen Beruf in Paris ein ebenso materialistisch eingestellter Anhänger dieses Geldkultes.

Und weil ich mich besonders schlau fühlte, tat ich bald etwas, was alle tun, denen Geld wichtiger ist als alles andere, wichtiger sogar als Menschen – ich begann an der Börse *à la baisse* zu spekulieren. Eine gute Portion intellektueller Hochmut war natürlich auch dabei. Meine Meinung über diese Großmäuler und Dummköpfe war so negativ, daß ich einfach, wenn diese alle *à la hausse* spielten, das Gegenteil tun mußte – eben auf die Baisse spekulieren.

Zufälligerweise hatte ich auch noch Erfolg damit. Denn es kam eine große Krise, eine Depression mit stürzenden Kursen; die Papiere fielen und fielen. Ich machte jeden Tag Bilanz, stellte fest, wie hoch meine Gewinne waren. Und da ich weiter *à la baisse* spekulierte, stiegen meine Gewinne jeden Tag.

Ich sagte »zufälligerweise«, denn ich war ja nicht aus fundamentalen Gründen Baisse-Spekulant geworden. Meine Motivationen waren rein persönlich, psychologisch. Zu jener Zeit kannte ich ja noch nicht einmal die sachlichen Argumente, ich war auch nicht pessimistisch für die Wirtschaft; ich wollte nur eines: GELD, und zwar um jeden Preis.

Der moralisch verwerfliche Aspekt des Baisse-Spekulierens wurde mir erst 1932 beim berühmt-berüchtigten Ivar-Kreuger-Bankrott (vgl. »Kostolanys Börsenseminar«, S. 115–117) klar. Ich erkannte, daß man dabei nur gewinnen konnte, wenn andere verlieren. Wenn man so will, bekam ich damals »meinen Moralischen«; aus einem Saulus wurde ein Paulus; der Gott Mammon purzelte von seinem Sockel.

Und Paulus predigte: Man darf nicht *à la baisse* spekulieren! Denn wenn ich dabei erfolgreich bin, habe ich nur dann meine Freude, wenn es anderen schlecht, sehr schlecht geht. Was nützt mir das ganze Geld, in ein elegantes Restaurant zu gehen, Champagner und Kaviar zu bestellen, wenn ich an die Leute denken muß, die ihre Existenz und ihre Stellung verloren haben. Lachen, wenn alle anderen weinen, das ist nicht gut.

Ich beschloß von da an, nur noch mit der Hausse zu schwimmen und *à la hausse* Gewinne zu machen und nicht mehr auf den Börseneinbruch zu spekulieren. Aber natürlich – bei aller Bescheidenheit – so, daß ich etwas mehr gewinne als all die anderen . . . Dieser Weg vom Saulus zum Paulus wurde mir dadurch erleichtert, daß inzwischen die Weltkonjunktur ihren absoluten Tiefstand erreicht hatte und es nun wieder langsam, aber stetig aufwärts ging. Ich war so in der glücklichen Lage, mit der Hausse schon bald Geld verdienen zu können; und natürlich nicht ich allein, sondern tausend andere mit mir. In der fröhlichen Atmosphäre einer allgemeinen Prosperität gleichfalls Erfolg zu haben, das war dann doch angenehmer.

Ein guter Spekulant muß eingebildet sein und das Publikum sogar ein wenig verachten, um unabhängig zu bleiben und sich von massenpsychologischen Stimmungen nicht anstecken zu lassen. Das ist sicher richtig. Zu sehr sollte er diese Arroganz allerdings nicht zeigen. Ich weiß, daß ich mich noch heute manchmal nicht zügeln kann und meinen Mitmenschen zu ironisch und zynisch begegne – doch das ist nichts im Vergleich zu der Arroganz meiner jungen Jahre. Einmal bekam ich durch meinen Hochmut sogar ernste Schwierigkeiten.

Im Herbst 1930, also zu Beginn der großen Krise, die ich eben beschrieben habe, war eines der schlimmsten Debakel an der Pariser Börse und in der Börsengeschichte überhaupt der Oustric-Krach.

Albert Oustric war unbestritten einer der Finanzkönige seiner Zeit. In Frankreich war er der erfolgreiche Konglomerat-Financier, der überall seine Hand im Spiel hatte. In den Salons wie an der Börse sprach man von seinen Erfolgen, von seinen zahlreichen, sehr komplizierten Geschäften, die von Peugeot-Autos, Linoleum und Schuhen bis zu bolivianischen Silberminen oder italienischer Kunstseide reichten. Seine Unternehmen waren das typische Beispiel eines heute modernen Mischkonzerns.

Oustric besaß das »Know-how« und handelte entsprechend. Für seine verschiedenen Geschäfte hatte er zwei Finanzierungsgesellschaften gegründet, die »Holding Française«, im Börsenjargon die »Holfra« genannt, und »L'Extension de l'Industrie Française« (eine AG zur Entwicklung der französischen Industrie). Die Aktien dieser beiden Gesellschaften dienten ihm bei seinen Börsenmanipulationen lediglich als Mittel zum Zweck.

Durch massive Käufe, die er mit Hilfe von Krediten tätigte, trieb er die Kurse dieser Aktien künstlich in die Höhe. So veranlaßte er eine große Zahl von Spekulanten, die mit Recht annahmen, daß die Preise übersteigert waren, in denselben Aktien auf Baisse zu spekulieren und Leerverkäufe zu tätigen. Ich tat dasselbe.

Oustrics ganze Börsenmanöver waren auf dieser Idee aufgebaut, daß möglichst viele kleine Baissespekulanten (wie auch ich) in seinen Aktien Leerverkäufe tätigen würden und bei einem Ultimo nicht liefern könnten, da er schon alle Aktien aufgekauft hatte. Dann könnte er, Oustric, die Preise diktieren, zu denen die Baissiers ihre Leerverkäufe eindecken müßten.

Solche Manöver können aber nur einem Financier glücken, der praktisch unbegrenzte finanzielle Mittel zur Verfügung hat. Die meisten Oustrics stammten aber aus Bankkrediten und von Börsenmaklern, also aus unsicheren Quellen, die von heute auf morgen versiegen können. Die kleinste Kreditbeschränkung konnte Oustrics Kartenhaus zum Einsturz bringen. Und so geschah es dann auch.

In der Tiefe meiner Seele war ich ja damals schon Baissier, aber auf diesen betrügerischen Finanzier hatte ich einen speziellen Pik. Ich war vom Scheitern seiner Spekulationen überzeugt und bekam recht. Die Holfra-Aktien, die ich zum Kurs von 180, 170 leer verkauft hatte, stürzten in die Tiefe und konnten an der Börse überhaupt nicht mehr quotiert werden. In jener Nacht konnte ich nicht schlafen, aber nicht etwa, weil ich mir Sorgen machte. Ich wußte, ich brauchte das Geld nur noch zu schaufeln.

Die Gesellschaft ging in Konkurs, und der Handel und die Kursnotierungen ihrer Aktien wurden gestrichen. Ich konnte die Aktien zu drei Franc auf dem »Markt der nassen Füße« eindecken. Ein prozentual so hoher Gewinn wird selten durch Börsenspekulationen erreicht.

Der Krach ruinierte außer Oustric etwa fünfzehn Börsenfirmen: Makler und eine große Anzahl von Vermittlern und Gläubigern aller Art, Kunden, Freunde von Kunden und stille Gesellschafter. Er zog auch zwei alte Banken von sehr gutem Ruf mit in seinen Untergang. Die eine war die Bank der Fischer von Boulogne, die älter war als die Bank von Frankreich (gegründet 1776). Als Folge mußte die Hochseefischerei vierzehn Tage lang eingestellt werden.

Die Kettenreaktion zog sogar die englische Währung in Mitleidenschaft. Das Pfund Sterling gab auf verschiedenen Finanzmärkten um einige Punkte nach, da die beunruhigten französischen Kreditinstitute auf einen möglichen Ansturm ihrer Kunden vorbereitet sein wollten und deshalb Pfunde massiv verkauften.

Ich aber triumphierte und war wie in einem Rausch. Und da wurde ich übermütig, ja sogar arrogant. Ich legte eine schwarze Krawatte an, um zu zeigen, ich sei »in Trauer« wegen der Börse. Für Albert Oustric war doch alle Welt Feuer und Flamme gewesen; ich dagegen hatte gegen jeden und alle recht behalten und konnte zu meinen Börsengewinnen noch die gewonnenen Wetten auf seinen Zusammenbruch kassieren.

Ich pflegte damals an meinem Stammtisch in einem Restaurant direkt neben der Börse quasi hofzuhalten. Dorthin kamen meine Freunde und die Mitarbeiter der Brokerfirmen, in Paris damals »Agents de Change« genannt; sie brachten ununterbrochen die Kurse und nahmen Aufträge von mir entgegen. Eine Börsenkarte besaß ich, wie alle Ausländer, nicht. Zunächst spielte das keine Rolle; doch eines Tages wurde uns Nichtfranzosen der Zutritt zur Börse verwehrt, offiziell begründet mit dem Verdacht, die Ausländer wollten Frankreich durch Spekulation gegen die Staatsrenten ruinieren.

Und ebendiese fixe patriotische Idee machte sich ein kleiner französischer Jude, er hieß Israel, zunutze. Er saß oft am Nebentisch und verfolgte voller Neid das große Leben, das ich führte, belauschte meine Triumphgesänge und beobachtete die Bewunderung der anderen. Er zeigte mich an. (Daß er es war, habe ich erst später erfahren.) Ich würde angeblich gegen die französischen Rentenpapiere spekulieren, gegen den Staatskredit, gegen Frankreich.

Eines schönen Tages wurde ich, zusammen mit zwei Freunden, aus dem Restaurant heraus verhaftet. Auf dem Kommissariat neben der Börse folgte ein langes Verhör, Fingerabdrücke wurden genommen und ich wie ein Schwerverbrecher behandelt. Am nächsten Tag durchsuchte die Fremdenpolizei mein Studio gegenüber dem Palais Rothschild am Parc Monceau, es erfolgte eine peinliche Kontrolle meiner Korrespondenz und aller Börsenavisos. Abends hörte ich im Radio schon die Meldung: Hausdurchsuchung bei einem gewissen André Kostolany, Ungar, der verdächtigt wird, gegen den Staatskredit zu spekulieren. Eine veritable Staatsaffäre!

Zwei Wochen später erhielt ich eine erneute Vorladung, und man präsentierte mir auf der Préfecture ein Dekret: »Monsieur Kostolany hat Frankreich binnen

48 Stunden zu verlassen«, unterzeichnet vom Pariser Polizeipräfekten. Natürlich war ich in größter Sorge, mein geliebtes Paris verlassen zu müssen, zugleich reinsten Gewissens: Auf den Oustric-Krach hatte ich spekuliert, doch nie in französischen Renten. Es war sogar faktisch unmöglich gewesen, aus technischen Gründen.

Mein guter Freund und Chef der Agent-de-Change-Firma, bei dem ich damals als Makler attachiert war, Adrien Perquel, hatte die rettende Idee, an höchster Stelle um Beistand zu bitten: bei Ex-Justizminister Anatole de Monzie, der mit seinem Vater befreundet gewesen war und zum gleichen Kreis liberal gesinnter Konservativer gehörte. In den zwanziger Jahren war de Monzie, ein brillanter, äußerst kultivierter Mann, der übrigens eine besondere Sympathie für uns Ungarn empfand, Senator und wiederholt Minister gewesen. Er war es, der 1926 als Finanzminister in der Regierung Herriot seine erste Rede vor dem Parlament mit den berühmt gewordenen Worten begonnen hatte: »Meine Herren, die Kassen sind leer . . .!«

Anatole de Monzie empfing mich auch sofort in seinem Büro; ich erläuterte ihm meine peinliche Lage und versicherte ihn meiner Unschuld. Er versprach, das Dossier zu prüfen. Am nächsten Tag – ich hatte schon meine Koffer gepackt und stand im Begriff, zum Bahnhof aufzubrechen, um Frankreich Richtung Belgien zu verlassen – erhielt ich in letzter Sekunde einen Anruf von der Sekretärin: »Fahren Sie nicht, Maître de Monzie läßt Ihnen ausrichten, daß er einen Aufschub von 14 Tagen erreicht hat.«

Der Justizminister hatte sich von der Haltlosigkeit der gegen mich erhobenen Anschuldigungen überzeugt;

doch es war für ihn etwas delikat, die Entscheidung einer untergeordneten Dienststelle in aller Öffentlichkeit aufzuheben und damit den Pariser Polizeipräfekten, später übrigens einer der französischen Faschisten, die mit Hitler kollaborierten, zu brüskieren. Mir wurde also Aufschub um Aufschub gewährt. Ein Jahr lebte ich so in Paris mit einem ständig prolongierten Fetzen Papier statt eines ordentlichen Ausweises.

Dann aber wurde ich vollständig rehabilitiert, das ominöse Dossier wurde vernichtet, und ich erhielt sogar eine Börsenkarte, die ich bis heute als ständige Mahnung vor den Gefahren übersteigerten Hochmuts aufbewahre.

Und wie zu jeder lehrreichen Geschichte gibt es auch zu dieser einen Epilog: Nach dem Krieg kehrte ich aus der amerikanischen Emigration nach Paris zurück; auf Veranlassung von Général de Gaulle wurde ich, der frühere »Staatsfeind«, sogar zum Ritter der französischen Ehrenlegion geschlagen.

Und wen treffe ich eines Tages an der Börse, an der ich natürlich auch wieder aktiv war? Meinen Denunzianten Israel. Ich bemerkte sofort, daß seine Augen starr auf das rote Band der Ehrenlegion an meinem Revers fixiert waren. Er war einer dieser französischen Juden, die sich superpatriotisch gerierten und einen spezifisch jüdischen Antisemitismus pflegten, der sich gegen alle die Juden richtete, die aus Deutschland oder gar aus mitteleuropäischen Ländern vor Hitler geflohen waren.

Es wurmte ihn offensichtlich, daß ich wieder in Paris war, zudem an der Börse sehr populär und gefragt als Experte. Dennoch konnte er es sich nicht verkneifen, mich um einen Tip anzugehen: »Sagen Sie, soll man jetzt kaufen oder verkaufen?« »Ich bin Optimist, wie Sie wissen. Halten Sie Ihre Papiere!« antwortete ich knapp und ließ ihn stehen.

Aus Sentimentalität habe ich übrigens in den letzten Jahren ein paar von diesen »Holfra«-Aktien erworben, mit denen ich damals einen meiner größten Coups gelandet hatte, antiquarisch, zu vielleicht zehn Pfennig das Stück. Und auf einer Versteigerung historischer Wertpapiere, die kürzlich in Frankfurt am Main abgehalten wurde, sind einige dieser Erinnerungsstücke, die ich auf Wunsch signiert hatte, mit jeweils 200 Mark zugeschlagen worden. Das zum Thema Hochmut.

Eine bestimmte Variante von Hochmut leiste ich mir jedoch bis heute: Börsenkurse, insbesondere wenn sie für mich ungünstig sein könnten, schaue ich mir nie an, ich will auch nicht von ihnen hören.

Gewiß, ich verfolge ganz genau die Ereignisse in der Welt der Diplomatie, der Steuer- und Zinspolitik, der Industrie- und Handelsnachrichten, deren kühne Analyse meine Spezialität ist. Aber die Börsenkurse spiegeln die Ereignisse nicht immer so wider, wie man es logischerweise erwarten sollte. Die Börsenreaktionen sind vorübergehend oft falsch und entwickeln sich meistens erst nach einer gewissen Zeit so, wie ich sie mir erhoffe.

Ich bin jedoch ein unverwüstlicher Optimist: »Was ich nicht weiß, macht mich nicht heiß.« Deshalb will ich die schlechten Kurse gar nicht erst hören; sie klingen wie falsche Töne in meinem musikalisch geschulten Ohr.

Wenn die Börsentendenz sich für mich ungünstig entwickelt, umgebe ich mich mit blauem Dunst und warte mit Zuversicht . . . (Das bedeutet nicht, daß ich für die

Kurse nicht manchmal pessimistisch wäre; doch das Schlechte kann ich noch früh genug erfahren.)

Vor mehreren Jahren hatte ich an der Pariser Börse ein besonders großes Engagement in französischen Aktien *à la hausse.* Jede kleine Bewegung auf- oder abwärts bedeutete eine ganz kokette Summe zu meinem Nutzen oder Schaden. Mein alter Sekretär, der seit Jahrzehnten für mich arbeitete, kannte meine Fehler und Schwächen genau. Er ging jeden Tag zur Börse, um meine Interessen zu vertreten. (Denn, wie ich es schon häufig erwähnt habe: Ein wirklicher Spekulant, dieses edlen Berufes würdig, darf nie persönlich an der Börse erscheinen.) Mein Sekretär war gut eingespielt. Er wußte genau: Bei schwacher Börse durfte er nicht nur mein Mittagsschläfchen nicht stören, sondern auch nachher mit keinem Wort den Ablauf dieser schlechten Börsensitzung erwähnen.

Auch heute noch, nachdem ich die Pariser Börse längst mit Verachtung behandle, halte ich bei den Wall Street Brokers dieselbe Taktik ein. Es gibt mindestens zehn Stock-Exchange-Firmen, mit denen ich zuweilen in Verbindung stehe: Allen ist strengstens verboten, mir schlechte Kurse zu berichten. Der Broker, der es wagen sollte, mir unpassende Kurse zu melden, wird von mir bestimmt nicht mit Aufträgen überhäuft. Wehe dem, der mich von einem brutalen Kurssturz benachrichtigt: Er verliert mich auf Lebzeiten als Kunden. (Und sollte sich dieser Unfall ereignen, wenn ich gerade Musik genieße, kann ich mörderische Anfälle bekommen ...)

»Kein Wort mehr von Geld und Zinsen«

Schon früh wußte ich während meiner langen Laufbahn in dieser blutigen Arena, daß »pecunia non olet« (Geld nicht stinkt). Da ich aber einen empfindlichen Geruchssinn habe, hat mich lange Zeit der Komplex verfolgt, es könnte möglicherweise doch anders sein. Ich, der ich das leichte Geldmachen an den verschiedenen Börsen der Welt schon jung gelernt hatte, bekam plötzlich Schuldgefühle. Wenn ich das Jahreseinkommen eines Gelehrten, eines Professors oder Arztes, die Frucht seiner jahrelangen Anstrengung und Studien mit den Summen verglich, die ein Börsianer manchmal mit einem einzigen Einfall oder Tip im Handumdrehen einstreichen konnte, hatte ich ein schlechtes Gewissen.

Ich erinnere mich noch genau an den Anfang des Zweiten Weltkrieges in Paris: wie wenig wohl ich mich in meiner Haut fühlte, als neutraler Ausländer in einem Land, das unter den Waffen stand. Meine Generation war eingezogen, alle Freunde bevölkerten die Kasernen, während ich ruhig von meinem Fauteuil aus – anstatt der Maginotlinie – meine Börsenpositionen überwachte. Denn obgleich die meisten Börsianer in Uniform waren, kletterten die Kurse an der Börse noch lange lustig in die Höhe. Ich gab mir – auch nach den schlechten Erfahrungen mit meinem Triumph über Oustric – die erdenklichste Mühe, die Empfindsamkeit meiner Mitmenschen nicht zu verletzen. So tauschte ich als erstes die provozierende Havannazigarre, Symbol des Wohlstandes, gegen die demokratische Pfeife ein, und in guten Restaurants zog ich mich bescheiden in eine Ecke zurück, um mich möglichst unbemerkt lukullischen Genüssen hinzugeben.

Inzwischen habe ich mich mit meinem Nimbus abgefunden: Die Börse reizt nun einmal die Menschen. Was immer ich tue, worüber ich auch immer sprechen möchte – Malerei, gutes Essen, Musik etc. –, ich bleibe »der Mann aller Börsen«, und die Leute wollen mit mir nur über Geld reden.

Einer meiner besten Freunde, Janos H. aus Budapest (später komme ich auf ihn noch zurück), war wieder einmal mein Gast an der französischen Riviera. Ein Mann von hervorragender Kultur und besonders in der französischen Literatur bewandert. Um ihm eine Freude zu machen, lud ich einen Freund und Nachbarn zum Essen ein, einen bekannten französischen Schriftsteller, Goncourtpreisträger, Kunstkritiker und Professor für Literatur in Amerika. Begeistert bereitete sich Janos tagelang auf den literarischen Gedankenaustausch vor. Leider Gottes war aber nicht das geringste zu machen. Mein Ehrengast bombardierte mich mit Fragen nach meiner Meinung über elektronische und Öl-Werte, Goldpreis und Geldmarkt.

Deshalb eine Warnung an alle gastfreundlichen Damen: Wenn Sie Schriftsteller, Künstler oder andere Schöngeister empfangen wollen, laden Sie mich nicht ein! Meine bloße Anwesenheit könnte die ganze Atmosphäre verpesten ...

In einer Fernsehshow wurde ich kürzlich gefragt: Worin besteht für Sie die Faszination des Geldes? Ich mußte antworten, daß ich überhaupt nicht mehr davon fasziniert bin. Für mich gilt heute der Schlußmonolog aus dem berühmten Theaterstück »Volpone« von Ben Johnson und Stefan Zweig. Nachdem Volpone, der Geizhals, aus Venedig verbannt worden ist, erbt der kluge und lebenslustige Mosca Volpones Haus mit allen Schätzen. Er bewundert das Haus und jauchzt: »Die Fenster auf, die Türen auf! Luft und Licht und Menschen herein! Es riecht noch nach Angst, es muffelt nach Geiz und Habsucht und bösen Reden. Kein Wort mehr von Geld! Wir wollen jetzt lustig sein, von Volpones Schüsseln schmausen, von seinen Weinen trinken, über alle Narren lachen, und über die Geldnarren am meisten ...! ... Vorwärts! Munter! Musik! Musik!«

Natürlich braucht man Geld zur Unabhängigkeit und Freiheit und ab einem gewissen Alter zur Bequemlichkeit. Mein alter Freund Ernst Menzer hat neulich – obwohl er sonst leider im Kopf nicht mehr ganz klar ist – etwas sehr Wahres gesagt: »Welche Rolle spielt es für einen jungen Mann, ob er Geld hat? Aber im Alter bedeutet Vermögen zu haben eine große Genugtuung und Sicherheit.«

Zur Verschwendung neige ich wenig; ich habe alles, was ich brauche. Ich besitze sogar noch Socken, die ich vor fünfzig Jahren bei »Seymour« am Boulevard des Capucines gekauft habe – gleich zwei Dutzend, weil sie in dieser Qualität sonst nirgendwo zu bekommen waren.

Der einzige Luxus, den ich mir leiste, sind Sammelobjekte, Liebhaberstücke, insbesondere wertvolle Bücher. Bei Sotheby's in London wurde kürzlich ein Exemplar des ersten Buches über die Börse, »Die Verwirrung der Verwirrungen«, 1688 in Amsterdam gedruckt, angeboten, das ich schon seit 25 Jahren suche. Im Katalog war es mit 2000 Pfund angesetzt, ich limitierte mein Gebot – auf den Rat des Schätzers hin – auf 5000, um es seiner Meinung nach sicher erwerben zu können, doch dann ging es für den vierfachen Betrag – an einen Japaner. Kurz darauf tauchte ein zweites Exemplar bei einem Antiquar in München auf. Ich überlegte eine Nacht lang und akzeptierte dann den verlangten Preis von 30 000 DM, immerhin das Doppelte meines Limits bei der Londoner Versteigerung. Aber ich kam wieder nicht zum Zuge. Soviel Geld für ein kleines Büchlein, das ich schon kenne, das könnten manche Leute schon für eine gewisse Verschwendung halten ...

Außerdem stellen ja Bücher, Bilder oder Briefmarken für den wahren Sammler nur rein theoretisch eine Kapitalanlage dar. Denn er trennt sich ja niemals von seinen Schätzen. Sammeln ist trotzdem die beste Kapitalanlage – allerdings erst für die Erben.

Schuldner und Schnorrer

Über den richtigen Umgang mit Geld sind viele Vorurteile in Umlauf. Frauen könnten nicht mit Geld umgehen, hieß es lange. Ich kenne viele Frauen, die hervorragend wirtschaften und das Familienbudget verwalten. Der Mann wurde von Gott erschaffen, um das Geld zu machen. Die Frau wurde von Gott erschaffen, um das Geld zu halten. Das ist das Ideale – auch für die ganze Familie –; wenn der Mann der Leichtsinnsvogel und die Frau der Geizhals ist. Mein Vater brachte meiner Mutter stets die schönsten Geschenke, doch erntete er dafür nur Beschimpfungen für seine Verschwendungssucht. »Warum denn«, antwortete er, »lieber so als für die Apotheke!«

Das Gegenteil – wenn der Mann sparsam ist und seine Frau das von ihm verdiente Geld mit vollen Händen zum Fenster herauswirft – kann zu einer Familientragödie werden. Ich habe dafür in meinem Bekanntenkreis und in meiner Familie zahlreiche Beweise.

Auch folgender Witz stammt natürlich noch aus den alten Zeiten, als Frauen in der Mehrzahl noch nicht berufstätig waren. Grün beklagt sich im Caféhaus: »Schrecklich, meine Frau, wieviel Geld die braucht! Immer will sie Geld!« »Wofür braucht sie denn das viele Geld?« wird er gefragt. »Keine Ahnung«, antwortet Grün, »ich geb' ihr ja nie was!«

Oder die Klage über die »heutige Jugend«, die so alt ist wie die Welt. Natürlich sind die jungen Leute heute unbescheidener als ihre Eltern, schließlich sind sie ja in dem Wohlstand aufgewachsen, den eben ihre Eltern geschaffen haben; viele sind sogar regelrecht geldgierig. Das ist natürlich negativ, wenn es zu weit geht. Doch auf der anderen Seite sind für mich Bescheidenheit und Sparsamkeit durchaus nicht die höchsten Tugenden. Ich sehe eine viel größere Gefahr eher darin, daß bei den Jungen eine gewisse Bequemlichkeit und Denkfaulheit um sich greifen, und nicht nur weil der Computer für sie rechnet und denkt . . .

Doch das überkommene Ideal des treusorgenden und sparsamen Hausvaters (bzw. der Hausfrau) scheint für viele, besonders in Deutschland, noch immer gültig zu sein; Schulden machen gilt als ehrenrührig. Ich lasse dies nur in einem einzigen Fall gelten: Der Spekulant darf tatsächlich keine Schulden machen, will er unbelastet seinen Ideen folgen können.

Aber was wäre der moderne Kapitalismus ohne Kredite? Selbst der Hausbau stellt heute ein Risiko dar, wieviel mehr erst die Investition in Zukunftsindustrien. Selbst orthodoxe Unternehmensbereiche müssen sich in

Zeiten des Umbruchs neuen Herausforderungen stellen, moderne Technologien um so mehr: Silicon Valley und andere High-Tech-Zentren sind voll von Industrieabenteuern. Und ohne Kredite können diese Abenteuer nicht gewagt und bestanden werden. Deshalb ist die Finanzwirtschaft heute auch viel großzügiger bei der Kreditvergabe, und auch die Anleger sind bereit, sich in »Ventures« zu engagieren.

Die Kreditvergabe, und damit die Schulden, wachsen zwar unaufhörlich, doch die Schulden von heute lassen sich mit denen von vor zwanzig Jahren nicht vergleichen, denn die Kaufkraft des Geldes ist ja stark gefallen, während die Produktivität der Wirtschaft stark gestiegen ist und damit die Fähigkeit der Schuldner, Kredite wieder zurückzahlen zu können. Es wird den Banken nicht so gehen wie meinem alten Freund Grün, der seinen Buchhalter zu einem säumigen Schuldner schickte. Bald war der Angestellte wieder da. Grün: »Nun, hat er bezahlt?« – »So gut wie bezahlt«, antwortete der Buchhalter. »Was heißt das: so gut wie ...?« »Ich will es Euch erklären: Der Schuldner hat einen Sohn, der geht aufs Gymnasium. Nachher macht er seinen Doktor. Als Doktor kriegt er eine reiche Frau. Und sobald er die Mitgift hat, wird er seinem Vater Geld geben, und der wird uns bezahlen.«

Ernst Menzer kenne ich schon eine Ewigkeit. Ich mag ihn sehr gern und nenne ihn nur »Sir Ernest«. Er war der Berufsschnorrer par excellence, ein Mensch von komischer äußerer Gestalt, klein und mager und einfach unmöglich anzuschauen (später hat ihn dann ein Filmregisseur entdeckt, und er spielte kleine Rollen in Komödien, wo man seinen Typ gebrauchen konnte), dabei sehr gescheit. Aber seine Talente waren ganz auf Schnorren ausgerichtet. Er war darin fast so genial wie Anton Kuh, der König der Schnorrer, der zum Beispiel einmal einen Freund um 1000 Mark anpumpte. Der Freund gab ihm jedoch nur 500. Kuh schnappte sich das Geld sofort, kommentierte aber gleichzeitig: »Wie stehen wir nun? Schuldest du mir noch 500 Mark oder ich dir?« Und nach der Machtübernahme Hitlers reiste er nach Amerika mit der Begründung, »einen Schnorrer kann man überall gebrauchen«. Er war ein »Vollarier« – auch nach Hitlers Definition –, aber seine besten Kunden waren eben reiche Berliner Juden, denen er nachreiste.

Auch Sir Ernest pumpte mich ständig an, und da ich nicht immer die gleiche Debatte mit ihm haben wollte, gewährte ich ihm schließlich eine Rente. Doch nach drei Wochen war die monatliche Zahlung regelmäßig aufgezehrt, und er belieh sie bei meinen Freunden. Auch zu mir kam er dann: »Rente hin, Rente her, ich kann mein Zimmer nicht bezahlen.« »Keine Sorge, lieber Freund, Sie werden schon bezahlen können.« »Wie können Sie so sicher sein? Ich habe keinen Pfennig mehr.«

An dieser Stelle muß ich vorausschicken, daß ich zu der Zeit gerne folgenden alten jüdischen Witz erzählte, der eine tiefe philosophische Wahrheit enthält:

Der arme Kohn geht vor dem Passahfest zu seinem Freund, dem reichen Grün, und bittet ihn um Hilfe: Er hat kein Geld, um Matze zu kaufen, das obligatorische ungesäuerte Fastenbrot der Juden. »Du wirst haben Matze«, versichert ihm Grün freundlich. Die Zeit vergeht, und Kohn hört nichts von seinem Freund. Zwei Tage vor dem Fest geht er wieder zu Grün. »Ich sage dir, du wirst haben Matze«, lautet nochmals die Antwort. Doch Kohn hört wieder nichts von Grün. Am vorletzten Tag nimmt Kohn in seiner Not die Juwelen seiner Frau aus der Schublade und versetzt sie, um Matze zu kaufen. Nach dem Fest treffen sich die beiden wieder und Kohn beklagt sich. Darauf Grün: »Wieso? Was regst du dich auf? Hast du gehabt Matze, oder hast du nicht gehabt Matze?«

»Schauen Sie, Sir Ernest«, antwortete ich also auf seine Frage, woher ich denn so sicher sei, daß er sein Zimmer würde bezahlen können, »kennen Sie nicht die Geschichte von Kohn und ...« Beschwörend hob er die Hände: »Nein, nicht schon wieder den Matzewitz, Herr Kostolany, ist schon gut.« Dabei hatte es wieder funktioniert: Man hat ihm nicht gekündigt.

Irgendwann entdeckte ich durch Zufall, daß er – als verfolgter Jude, der den gelben Stern getragen hatte und nur unter großen Schwierigkeiten und gesundheitlich schwer angegriffen aus dem von den Deutschen besetzten Ungarn herausgekommen war – keinerlei Wiedergutmachung von der Regierung der Bundesrepublik beantragt hatte. Als ich ihn darauf ansprach, sagte er: »Kennen Sie nicht den Matzewitz? Ich werde sie schon bekommen.« Aber diesmal war mir nicht zum Spaßen zumute, weil ich befürchtete, daß er die Antragsfrist versäumen könnte: »Wenn Sie nicht sofort Ihre Rechte anmelden, sperre ich Ihre Rente.« Ich schleppte ihn zu einem Notar, und dort setzten wir seinen Antrag auf. Er gehörte zweifelsfrei zur Gruppe der Berechtigten, denn er wurde, so lautete die Formulierung des Gesetzes, zum »deutschen Kulturkreis« gezählt, weil er, ungarischer Abstammung, in Reichenberg an der Textilhochschule studiert hatte und perfekt Deutsch sprach.

Doch zu spät, der Antrag wurde abgelehnt, weil der Termin bereits verstrichen war. Nur unter einer Bedingung hätte eine Nachfrist eingeräumt werden können: Wenn man beweisen konnte, daß man den Termin nicht schuldhaft versäumt hatte, etwa weil man im Zustand geistiger Verwirrung in eine Klinik eingewiesen war. Wir beratschlagten, aber dieser Weg schien nicht sehr erfolgversprechend, und ich sah mich ihn schon bis an sein oder mein Lebensende unterstützen.

Monate später tritt er im Kaffeehaus an meinen Tisch und zieht eine Bestätigung der Pariser Nervenklinik aus der Tasche: »Herr Menzer wurde bei uns für einige Zeit wegen Geistesstörungen behandelt.« Ich gratulierte ihm zu seiner Tüchtigkeit. Später nahm ich ihn dann beiseite: »Im Vertrauen, wie sind Sie bloß an dieses offizielle Dokument gekommen?« »Ganz einfach: Ich war tatsächlich dort zur Behandlung.«

Und auch daran war ich – unwissentlich – beteiligt gewesen. Die ungarische Kolonie in Paris veranstaltete häufig große Wohltätigkeitsbälle zugunsten ungarischer Flüchtlinge. Ich erhielt auch immer Einladungen, doch ich ging nicht gerne hin, denn mir war diese snobistische Clique mit ihren Tratschereien und Intrigen zuwider. Also gab ich eines Tages Ernst Menzer meine Einladungskarte, unter der boshaften Bedingung, er solle dort ein bißchen Skandal machen, irgendeine witzige Sache.

Gesagt, getan, er lieh sich einen Smoking aus, natürlich nachdem er sich bei mir das Geld dafür gepumpt hatte, war dort und profitierte wunderbar vom kalten Büfett. Aber die rechte Gelegenheit für einen kleinen Skandal bot sich nicht. Zwei Tage später holte er das Versäumte dann gründlich nach, wie ich erst viel später erfuhr. Er suchte Madame Tulgay, die Organisatorin der Bälle und Oberintrigantin des Zirkels, in ihrem Modesalon auf der Rue Royale auf. Er kam als ungarischer Flüchtling – das war er ja schließlich auch – und bat um Unterstützung. Frau Tulgay wies ihn ab, ein Wort gab das andere, bis er endlich ausrief: »Ich werde Sie anzeigen, weil Sie in Ihrem angeblichen Modesalon in Wirklichkeit ein Bordell betreiben!« Er machte einen solchen Aufstand, daß die Polizei gerufen wurde, die ihn in die Nervenklinik einlieferte, wo er tatsächlich einige Monate verbrachte.

Dank all dieser letztlich glücklichen Umstände erhielt er also nun eine monatliche Rente aus Deutschland, dazu die Erstattung der bislang nicht in Anspruch genommenen Zahlungen, eine – für seine Verhältnisse – erkleckliche Summe, die ich für ihn in sicheren Papieren anlegte und die von einer Schweizer Bank verwaltet wird.

Er lebt auch heute äußerst bescheiden, zieht sich an wie ein Clochard und wohnt in einem möblierten Zimmer. Aber sein Vermögen gibt ihm Sicherheit; und da er nie einen Pfennig abhebt, ist es mittlerweile mit Zins und Zinseszinsen auf einen ganz schönen Betrag angewachsen. Gewissermaßen hat Sir Ernest so eine wichtige Tugend des Spekulanten bestätigt: Man muß Geduld haben bei seinen Engagements und fast auf ihnen »einschlafen« können. (Der wahre Spekulant muß allerdings wie ein Krokodil mit offenen Augen schlafen!) Ich bin überzeugt davon, daß er selbst nicht weiß, wieviel auf seinem Konto liegt. Ich weiß es auch nicht, über meine Konti mache ich ja nie Bilanz, weil ich niemandem verantwortlich bin.

Vor ein paar Wochen nun, inzwischen ist er leider

völlig senil geworden, treffe ich ihn wieder. Er bittet mich, für ihn auf Verlangen seiner Bank ein Testament aufzusetzen. Er kann nämlich nicht korrekt schreiben, nicht einmal ungarisch, geschweige denn französisch oder deutsch. Also gut, ich setze den Text auf, den er mir diktiert: »Im Falle meines Ablebens vermache ich mein gesamtes Vermögen meinen beiden Neffen . . .« (einer von ihnen ist Mathematiker in Harvard, Sir Ernest spricht von ihm nur als dem »zweiten Einstein«) etc., er unterschreibt, ich falte das Schreiben, stecke es in einen Umschlag und klebe die Marke drauf.

»Wissen Sie, lieber Freund, was ich in den Brief geschrieben habe?« frage ich ihn, »nein? Ich werde Ihnen die Geschichte von Gianni Schicchi erzählen, nach dem Libretto der berühmten Oper von Giacomo Puccini:

Der alte und sehr reiche Großbauer liegt im Sterben, die ganze Familie hat sich um sein Bett versammelt, in froher Erwartung des Erbes. Nachdem der Alte entschlafen ist, machen sich die lieben Verwandten sogleich auf die Suche nach dem Testament. Doch die Enttäuschung ist riesengroß: Er hat sein ganzes Vermögen einem Kloster vermacht. Ratlosigkeit. ›Regt euch nicht auf‹, erklärt der klügste unter den Bauern, eben Gianni Schicchi, ›wir haben den Tod unseres geliebten Onkels noch nicht bekanntgegeben. Ich werde mich an seiner Stelle ins Bett legen, und wir werden einen Priester und einen Notar kommen lassen. Vom Priester werde ich die letzte Ölung erhalten, dem Notar werde ich mein Testament diktieren.‹

So geschieht es. Mit zitternder Stimme diktiert er, wieder im Beisein der ganzen Sippe, nachdem er ein paar Kleinigkeiten für die übrigen Familienmitglieder aufgezählt hat: ›Und ansonsten vermache ich mein ganzes Vermögen meinem treuen Freund und Neffen Gianni Schicchi.‹

Und wissen Sie, Sir Ernest, was ich in Ihren Brief geschrieben habe? ›Nach meinem Ableben gehört mein Vermögen Monsieur Kostolany!‹« Da hat er den Umschlag voller Angst gleich wieder aufgemacht.

Im Leben kann man manchmal Dinge erleben, die sonst nur in der Oper geschehen.

Trotz aller Schattenseiten – eine moderne Gesellschaft, die ohne Geld funktioniert, kann ich mir nicht vorstellen. Karl Marx hegte ja solche Träume, oder vor ihm Thomas Morus. Das sind und bleiben Utopien. Geld, Kapital, Liquidität braucht der Kapitalismus, um zu prosperieren und alle – auch die »Armen«, die ja nicht ärmer, sondern, wie die »Reichen«, immer reicher werden – am wachsenden Wohlstand teilhaben zu lassen. Wie schon die Mutter von Karl Marx sagte: »Wenn doch Karlchen mehr Kapital gemacht hätte, als über Kapital zu schreiben . . .« Im übrigen haben sich ja viele seiner Vorstellungen von einer gerechteren Gesellschaft verwirklicht – wenn auch auf andere Weise, als er prognostizierte.

Ich bewundere Marx, weil er ein großer Denker seiner Zeit war und weil ich seine Texte sehr schätze. Seine Prosa zählt für mich zum besten, was ich in deutscher Sprache gelesen habe (auch wenn man sagt, Friedrich Engels habe sie verfaßt).

Dritte Vorlesung:

Die Massen sind unwissend

Der frühere Bundeskanzler Helmut Schmidt sagte nach dem weltweiten Börsenkrach vom Oktober 1987, die Börse sei von Psychopathen bevölkert. Obwohl ich nicht immer mit dem einverstanden bin, was Schmidt äußert – schließlich ist er ein geschulter Volkswirt –, muß ich zugeben, daß er hier zwar drastisch, aber zutreffend formuliert hat.

»Die Massen sind unwissend«, schrieb Gustave Le Bon in seiner klassischen Studie »Psychologie der Massen« (1895). Aber in dieser Eigenschaft liegt das Geheimnis ihrer Kraft – die sogar dann gültig ist, wenn die Masse aus besonders klugen, denkenden Menschen besteht. Wenn 100 höchst intelligente Menschen auf engem Raum zusammengepfercht werden, dann wird diese Masse nicht vom Geist, sondern von Emotionen gelenkt.

Der Börsenprofi entschließt sich morgens, aus diesem oder jenem Grund und nach reiflicher Überlegung, alle seine Papiere zu verkaufen. Er betritt den Börsensaal und erfährt, daß dort eine sehr optimistische Stimmung herrscht. In einer Sekunde kippt er um, ändert seinen Plan und, anstatt zu verkaufen, kauft er neue Papiere dazu.

In Amerika spielt diesbezüglich der Ticker eine große, oft entscheidende Rolle. Hunderttausende, wenn nicht Millionen, verfolgen den Ticker, der alle Transaktionen verzeichnet. Steigen die Kurse, laufen die »tape watcher« den Papieren nach, um noch schnell – auch ganz ohne Überlegung – auf den fahrenden Zug zu springen. Der Ticker mit den laufenden Kursen zeigt die Meinung der Massen und übt dadurch auf den einzelnen eine unwiderstehliche Anziehung aus, mitzulaufen. Der Ticker ist wie die Flagge auf dem Kampffeld: Solange sie hoch und stramm vorweggeht, marschieren die Truppen nach. Fällt die Flagge, kommt die Angst, daß der Vormarsch aufgehalten ist; der Mut ist weg, und die Truppen laufen auseinander. Genauso ist es an der Börse.

Deswegen müssen diejenigen, die an der Börsenhausse Interesse haben, darauf achten, daß die Flagge stolz in der Höhe bleibt und vorangeht; dann folgt die Truppe schon nach. Das nennen die Insider dann gern »Kurspflege«. Um auch nur ein wenig die Reaktion des Publikums auf die Ereignisse einschätzen zu können, ist meiner Ansicht nach die Analyse der technischen Verfassung des Marktes der beste Wegweiser.

Wie gesagt: Kurz- und mittelfristig macht die Psychologie 90 Prozent an der Börse aus! Langfristig spielen dann die fundamentalen Gründe eine größere Rolle.

Der entscheidende Faktor für die *kurzfristige* Börsentendenz ist neben der Psychologie die technische Verfassung des Marktes, das heißt, ob die Wertpapiere sich in den Händen kapital- und nervenstarker Anleger oder in den Händen von Zittrigen befinden.

Auf kurze Sicht hat die Wirtschaftslage gar keinen Einfluß auf die Kurse, auf Zins und Branchenkonjunktur auch nur insofern, als einige Spekulanten daraus für spätere Termine Schlüsse ziehen. Merke: Die Kurse steigen, wenn die Käufer stärker unter materiellem oder psychologischem Druck stehen als die Verkäufer. Nicht die Ereignisse beeinflussen die Börsenkurse, sondern die Reaktionen des Publikums auf die Ereignisse.

Der entscheidende Faktor für die *mittelfristige* Börsentendenz ist neben der Psychologie der Zinsfuß. Der Zins, also die Liquidität auf dem Kapitalmarkt, entscheidet, ob Nachfrage oder Angebot stärker sein werden. Der Zins hat einen direkten Einfluß auf den Anleihemarkt: Wenn die Rendite der Anleihen kleiner wird, kommen mehr flüssige Mittel zur Börse. Aber diese Zinswirkung auf die Börse macht sich erst nach einer gewissen Zeit bemerkbar: mittelfristig.

Für *langfristige* Tendenzen aber ist die Psychologie nicht mehr so wesentlich. IBM, Siemens oder Daimler-Benz wären nie das geworden, was sie sind, wenn es keine fundamentalen Gründe für ihren Erfolg gegeben hätte. Es war nicht die Psychologie, die die Aktien dieser Konzerne so hoch steigen ließ. Und wer will heute schon die Ängste, Hoffnungen und Vorurteile von übermorgen voraussehen? (»Langfristig sind wir alle tot«, sagte schon John Maynard Keynes.) Die allgemeine Konjunktur und besonders die Branchenkonjunktur entscheiden über Qualität und künftige Rendite der Aktien. Wer die Entwicklung einer Branche auf mehrere Jahre voraussehen kann, kann davon viel profitieren.

Entscheidend für die Börsentendenz insgesamt sind meiner Ansicht nach zwei Grundfaktoren, alle anderen Faktoren münden schließlich in sie ein:

1. Das Verhältnis zwischen der Geldmenge und neuen Wertpapieremissionen;
2. das psychologische Element, Optimismus oder Pessimismus, das heißt die Einschätzung der Zukunft.

Alle Ereignisse, alle politischen, wirtschaftlichen und finanziellen Maßnahmen, seien sie nun bedeutend oder unbedeutend, münden schließlich in diese beiden Tatsachen.

Ich habe diese Theorie schon früher in einer mathematischen Gleichung ausgedrückt, die das Grundprinzip jeder Börsentendenz sein sollte:

$$T\ (\text{Tendenz}) = G\ (\text{Geld}) + P\ (\text{Psychologie})$$

Unter dem Faktor »Geld« verstehe ich das der Börse zur Verfügung stehende Geld. Wenn ständig große Emissionen von Obligationen (oder Wandelanleihen) zu hohen Zinssätzen aufgelegt werden, wenn Banken und Sparkassen für feste Gelder hohe Zinsen bezahlen, dann bleibt natürlich für den Ankauf von Aktien sehr wenig übrig. Kurz gesagt, der Faktor »Geld« hängt von den langfristigen Zinssätzen ab.

Dagegen ist der Faktor »Psychologie«, genau betrachtet, das Produkt einer großen Zahl verschiedener untergeordneter Faktoren. Nehmen wir an, die Gewinne und Dividenden einer Gesellschaft werden reduziert, die Steuern heraufgesetzt etc., also lauter negative Maßnahmen. Wenn aber das Publikum die Zukunft mit Optimismus beurteilt, nimmt es diese schlechten Nachrichten in Kauf, weil es überzeugt ist, daß die erwähnten negativen Einflüsse nur vorübergehend wirksam sind. Der Faktor P (Psychologie) bleibt in diesem Falle positiv, trotz der schlechten fundamentalen Nachrichten.

Dies hat sich auch bei dramatischen politischen Ereignissen bestätigt. Oft kommt es vor, daß Aktien einer Gesellschaft trotz eines Streiks nicht zurückgehen, einfach weil das Publikum den Streik als ungefährlich beurteilt.

Nicht die Tatsache Krieg oder Frieden ist für die Börsenmakler absolut entscheidend, sondern die psychologische Reaktion des Publikums darauf.

Auch die Beurteilung der Preis-Gewinn-Relation einer Aktie (in den USA »price earning ratio« genannt) ist rein psychologischer Natur. Es kann vorkommen, daß der Markt, das heißt die Analysten, bei derselben Aktie eine Preis-Gewinn-Relation von 15:1 als tief beurteilen und damit das Urteil fällen, das Papier sei unterbewertet. Zu einem anderen Zeitpunkt bezeichnen sie aber dieselbe Relation bei demselben Papier als überbewertet.

Ich will nicht behaupten, daß die Analysten im gegebenen Moment unrecht haben, aber man kann aus dieser Beurteilung keine Rückschlüsse auf die weitere Entwicklung ziehen, da die Beurteilung »unter- oder überbewertet« kein arithmetisches Axiom ist, sondern eine relative Beurteilung, die in großem Umfang psychologisch bedingt ist. Deshalb muß ich immer wieder lächeln, wenn ich beobachte, wie Hunderte Analysten von dieser Preisrelation hypnotisiert sind.

Diejenigen, die die »price earning ratio« als das Einmaleins der Börsenkunst betrachten, hätten nie IBM, Daimler-Benz und viele andere Aktien kaufen dürfen, denn nach dieser Berechnung hätten diese Aktien im gegebenen Moment immer zu hoch gestanden.

Wie falsch diese starre, einseitige Einstellung ist, zeigt sich am besten bei Gesellschaften, die mit Verlust arbeiten. Den Analysten zufolge dürfte man diese Werte überhaupt nicht anrühren, denn theoretisch müßten sie ja aufgrund der »price earning ratio« unter Null stehen. Meine interessantesten Börsencoups habe ich aber immer mit den Aktien solcher Gesellschaften gemacht, die im Moment, als ich sie gekauft habe, mit Verlust arbeiteten. Wenn aber diese Gesellschaften dann wieder Gewinne erzielten (im Englischen nennt man dies eine »turn around situation«), schnellten die Kurse steil empor.

So war es auch kürzlich wieder, in der Krise Anfang der achtziger Jahre, bei den Aktien des schwer angeschlagenen US-Autokonzerns Chrysler. Meine Spekulation war so aufgebaut: Ich war sicher, daß die amerikanische Regierung die Traditionsmarke Chrysler nicht pleite gehen lassen würde; ich rechnete fest mit einem allgemeinen Konjunkturaufschwung und einem enormen Nachholbedarf bei der Nachfrage nach Autos, und ich hatte Vertrauen zum neuen Mann an der Spitze des Unternehmens, Lee Iacocca. Hinzu kamen meine guten Erinnerungen an eine meiner bis dato kühnsten und erfolgreichsten Spekulationen: 1946 hatte ich in Italien just die Aktien der marodesten Automobilfirma, Isotta-Fraschini, früher ein großer Name, in einer ganz ähnlichen psychologischen und konjunkturellen Situation gekauft – und zehnfaches Geld gemacht. Meine Chrysler-Vision trug noch reichere Früchte: Ich verkaufte die zu fünf Dollar erworbenen Papiere beim Kurs von 105.

Die Börsenlogik ist mit der Alltagslogik nicht identisch

> »Du mußt versteh'n! Aus eins mach' zehn, und zwei laß' geh'n, und drei mach' gleich, so bist du reich. Verlier die Vier! Aus fünf und sechs, so sagt die Hex', mach' sieben und acht, so ist's vollbracht: Und neun ist eins, und zehn ist keins. Das ist das Hexeneinmaleins.«
>
> *J. W. Goethe, Faust*

Meiner Meinung nach kommt man mit Mathematik an der Börse überhaupt nicht weiter. Die Kurse lassen sich nicht mit dem Zollstab messen und Börsenentwicklungen nicht aufgrund mathematischer Berechnungen voraussagen. Nur *eine* Art von Mathematik an der Börse lasse ich gelten. Zur Erläuterung möchte ich folgende Geschichte erzählen:

Eines Tages besuchte mich einer meiner alten Freunde, der ein vorzüglicher Spekulant war und dennoch sehr beunruhigt zu sein schien. »Wie erklären Sie sich dieses merkwürdige Phänomen?« fragte er mich. »Ich habe in letzter Zeit bei meinen Aktien-, Obligationen- und Warenspekulationen ein ungewöhnliches Phänomen entdeckt. Ich habe im Augenblick vielleicht zehn verschiedene Positionen an der Börse, die in keinerlei Beziehung zueinander stehen.

Ich spekuliere mit südafrikanischen Minen auf Hausse, mit französischen Staatsanleihen auf Baisse, mit amerikanischen Automobilwerken auf Hausse, mit englischen Banken auf Baisse, mit Zinn auf Hausse, mit Hafer auf Baisse, schließlich mit Erdölwerten auf Hausse und mit Kakao auf Baisse. Sie werden zugestehen, daß diese Spekulationen jeweils nicht viel miteinander zu tun haben. Und trotzdem, entweder ist alles günstig für mich, oder alles ist gegen mich. Entweder steigt alles, was fallen sollte, und alles fällt, was steigen sollte, oder es passiert auch, daß alles steigt, was steigen soll, und alles fällt, was fallen soll. Ich möchte wirklich wissen, welche Relation zwischen den Aktien der amerikanischen Automobilwerke und dem Kakao besteht, zwischen den Banken in London und dem Hafer in Winnipeg? Es ist zum Verrücktwerden. Im Augenblick sind alle meine Positionen auf den Kopf gestellt. Welche geheimnisvolle Kraft steckt dahinter, die es manchmal gut mit mir meint, die sich aber heute auf der ganzen Linie gegen mich verschworen hat?« Bei dieser Bemerkung hörte ich den für viele Spekulanten typischen Aberglauben heraus.

»Nun«, antwortete ich, »es gibt eine Aktie, die im Augenblick bestimmt schlecht im Kurs steht und auf die Sie am meisten rechnen: die Aktie der Logik. Bei Ihren Aktienspekulationen, nehme ich an, stützen Sie sich auf Bilanzen, Gewinn-und-Verlust-Rechnungen, Dividenden usw., und bei Ihren Rohstoffspekulationen auf Statistiken über Ernteerträge und Verbrauch, auf Handelsverträge, Innen- und in jedem Fall Außenpolitik. Im Augenblick befinden wir uns vermutlich in einer Periode, wo die Logik nicht Schritt halten kann, und deshalb ist alles gegen Sie. Gedulden Sie sich ein wenig. Die ›Logik‹ genannte Aktie wird wieder steigen, und alles wird dann in – logischer – Ordnung sein.

Sie kennen mein Glaubensbekenntnis: zwei mal zwei ist fünf weniger eins.

Nichts ist einfach, weder in der Spekulation noch im Leben. Die ganze Existenz beruht auf dieser Wahrheit. Die Erfahrung zeigt das. Man kommt ans Ziel, aber nie auf gerader Linie.«

Hier wird meine »Börsenmathematik« fast zur Metaphysik; aber auch in anderen Lebensbereichen gilt dieses Gesetz, etwa in der Religion oder Kunst. Ganz besonders die Musik ist ja auf der Abweichung aufgebaut; Spannung und Entspannung – das ist das ganze Geheimnis der Melodie.

»Im Augenblick«, erklärte ich meinem Freund weiter, »befinden wir uns sogar in der Kurve. Aus welchen Gründen steht die Logik so niedrig im Kurs? Darauf gibt es tausend und mehr Antworten.

Wenn Ihre Logik wirklich logisch ist, das heißt richtig aufgebaut, dann wird sie sich durchsetzen. Wann, das ist eine Frage der Imponderabilien, die Ihre Überlegung verzögern oder sogar ins Gegenteil verkehren können. Was gestern noch solide war, kann sehr leicht heute morsch sein. Aber wenn die Elemente Ihres Spekulationsgebäudes ihre Gültigkeit behalten, dann ist alles nur eine Frage der Zeit. Man muß in dem Augenblick, da irgend etwas in Unordnung gerät, die Situation richtig beurteilen können. Nichts ist so verdrießlich und sogar gefährlich, wie die Gründe nicht zu kennen, die sich der Logik widersetzen.

Man muß die Symptome erkennen. Wenn die Diagnose eine vorübergehende Störung erkennen läßt, heißt es festbleiben, die Ohren steifhalten. Wenn aber grundlegende Änderungen eintreten, Krieg oder Frieden, wichtige politische, wirtschaftliche oder finanzielle

Entscheidungen, Regierungswechsel und so weiter, dann muß man sofort die Konsequenzen ziehen und notfalls heute über Bord werfen, was einem gestern noch lieb und teuer war.

In Ihrem Falle möchte ich folgende Diagnose stellen: Es gibt seit einiger Zeit eine ganze Menge Kapital, sogenanntes heißes Geld, es will nicht so angelegt werden, wie es ein Familienvater anlegen würde, sondern ist ständig auf der Suche nach großen Spekulationscoups. Dieses Wanderkapital wird ebenso wie Ihr Kapital für Spekulationen eingesetzt, die auf der reinen und einfachen Logik aufbauen. Sie sind also nicht der einzige, sondern Tausende von Spekulanten mit einer Riesenmenge Geld verfolgen denselben Weg wie Sie, in denselben Sektoren: Sie haben dieselben Waren und Werte gekauft und dieselben auch leer verkauft. Infolgedessen sind die Märkte, in denen Sie auf steigende Kurse spekulieren, überkauft (overbought) und die Märkte, in denen Sie auf fallende Preise spekulieren, überverkauft (oversold).

Sie sagten mir, Sie hätten Ölaktien. In letzter Zeit hat die internationale Spekulation ebenfalls Ölaktien aufgekauft und wartet nun auf die Hausse. In dem Moment, wo die Aktien aus fundamentalen Gründen zu steigen beginnen, wollen viele Spekulanten schnell Nutzen nehmen und verkaufen. Daher steigen die Aktien sehr wenig oder gar nicht. Andere Spekulanten werden ungeduldig, weil die erwartete Hausse nicht eintritt, und verkaufen ebenfalls etc.

So kann es geschehen, daß die fundamentalen Gründe, auf denen man seine Spekulation aufgebaut hat, durch technische Gründe neutralisiert werden. Dann entstehen jene Situationen, in denen der Spekulant nicht begreift, warum alle gültigen Argumente sich in den Kursen nicht widerspiegeln. Kurse drücken nämlich nur in Ausnahmefällen den realen Wert aus, sondern spiegeln das Verhältnis von Angebot und Nachfrage. Egal, woher das Angebot kommt, wenn es kommt, dann fallen die Kurse.

Diese Behauptung ist genauso logisch, wie es logisch wäre, daß die Ölaktien bei eventuell steigenden Dividenden in die Höhe gingen. Aber die Logik der technischen Gegebenheiten war in diesem Falle stärker als die Logik der fundamentalen Gründe, das heißt, Käufe und Verkäufe werden nicht nur aus fundamentalen Überlegungen getätigt.

Infolgedessen schwanken die Kurse ausschließlich unter dem Druck von Angebot und Nachfrage. Es wäre interessant, einmal alle Verkauf- und Kauforders eines einzigen Börsentages daraufhin zu untersuchen, welche Beweggründe die Verkäufer und Käufer zur Erteilung ihrer Aufträge veranlaßt haben.

Herr Maier verkauft seine Papiere vielleicht, weil er in den nächsten Tagen einen Wechsel einlösen muß; ein anderer wieder, weil er sich eine neue Wohnung kaufen will; der dritte, weil seine Tochter heiratet und er das Geld für die Mitgift braucht; ein vierter verkauft seine Papiere in der Hoffnung, sie billiger zurückkaufen zu können. Und warum kauft Herr Schulze am selben Tag Papiere? Weil er soeben ein Haus verkauft hat und ihm flüssiges Geld zur Verfügung steht; oder weil er dieselben Papiere schon höher verkauft hat und sie jetzt billiger zurückkaufen will.

Man kann diese These auch ad absurdum führen. Nehmen wir an, ein Wert steigt bis zu dem Niveau, mit dem die Anleger gerechnet haben. Damit gelangt er aber in eine Gefahrenzone. Vom Augenblick an übt nämlich der angemessene Kurs nicht mehr die gleiche Anziehungskraft auf die Spekulation aus. Es gibt nur wenig Kaufinteressenten, und diejenigen, die das Papier bereits im Besitz haben, versuchen es nun bei den erwarteten und eingetretenen hohen Preisen loszuwerden, um ihren Nutzen sicherzustellen. Dann wollen alle gleichzeitig durch ein und dieselbe Tür. Die Baisse ist da, obwohl die erwarteten Ereignisse eingetroffen sind, oder vielleicht gerade deswegen.

Der gleiche Prozeß vollzieht sich auch im umgekehrten Sinne. Nehmen wir irgendeinen Wert, der aus absolut einleuchtenden Gründen, zum Beispiel im extremen Fall, weil die Gesellschaft in finanziellen Schwierigkeiten ist, fallen sollte. Der Wert fällt und nähert sich dem tiefen Niveau, das er logischerweise erreichen müßte. Und dennoch bleibt er bei einem höheren Kurs stehen, ohne weiter zu fallen. Und das sogar eine ganze Zeit lang, trotz der schlechten Nachrichten.

In der Börsensprache nennt man dies das Fait accompli, die vollendete Tatsache. Es tritt deshalb ein, weil viele die Papiere bereits verkauft haben und diese nun in Händen von Leuten sind, die den Niedergang der Gesellschaft in Kauf nehmen und damit andere Absichten verfolgen. Die Baissiers, die schon früher umfangreiche Leerverkäufe getätigt haben, sehen jetzt ihre Erwartungen erfüllt und wollen ihren Gewinn sichern. Ihre Käufe verursachen das Steigen der Kurse. Ich habe in vielen Fällen das gleiche Phänomen erlebt. Notleidende Obligationen, Aktien von faulen Gesellschaften, die kurz vor dem Konkurs standen oder sogar schon in Konkurs waren, hielten sich noch lange auf relativ hohen Kursen, bevor sie ganz tief stürzten.

Dem Fait accompli kommt in der Kursentwicklung eine ganz besondere Bedeutung zu. Nehmen wir an, es besteht Kriegsgefahr. Viele Anleger verkaufen ihre Werte. Aber am Tag der Kriegserklärung steigen die Kurse plötzlich gegen alle Erwartung. Bei Kriegsausbruch 1939 war dies typisch für alle Börsen, in Amerika genauso wie in Europa. Und all das aus den hier erörterten technischen Gründen.«

Ich selbst war damals übrigens auf eine große finanzielle Katastrophe vorbereitet. Ich rechnete fest damit, daß sämtliche Banken schließen würden, die Börse und der Terminhandel natürlich ebenso, ich war auf strengste Devisenverordnungen vorbereitet. Das Wochenende ging in nervöser Anspannung vorüber; am Montag war es dann soweit: Der Krieg hatte begonnen. Ich war so durcheinander, daß ich meine eigene Telefonnummer vergaß, die ich bei der Anmeldung eines Auslandsgesprächs angeben mußte.

Doch als ich auf die Straße trat, sah ich voller Erstaunen, daß die Banken wie selbstverständlich geöffnet waren, auch die Börse und sogar der Terminhandel gingen weiter, als sei nichts geschehen. Die größte Überraschung aber war: Die Börse drehte sich um 180 Grad und stieg dann sechs Monate lang ununterbrochen. Das ist das Fait accompli. Wenn jeder mit dem Kurssturz rechnet, kommt justament das Gegenteil

Ein wenig erinnert mich dieses eigenartige Phänomen an den Verlauf einer Beerdigung. Vom Friedhof begibt sich die Trauergemeinde in ein Wirtshaus und hält Leichenschmaus. Nach kurzer Zeit und einigen Getränken hellen sich die Mienen auf, und die Gespräche werden lauter und lustiger, und bald ist alles schon wieder vergessen. Man hat vielleicht schon geraume Zeit mit dem

Tod gerechnet, auf ihn gewartet. Wenn dann der Kranke nach langem Leiden stirbt, ist man gewissermaßen erleichtert und sogar getröstet: Gott hat's gegeben, Gott hat's genommen.

»Wenn man aber während des Krieges glaubt, der Friede sei nahe«, fuhr ich in der Antwort an meinen Freund fort, »und man beginnt Werte zu kaufen, dann steigt die Börse bereits während des Krieges. Bei Unterzeichnung des Waffenstillstandes kann es aber leicht passieren, daß die erwartete Hausse nicht eintritt. Im Gegenteil fallen die Kurse. Da spricht man dann von einem Fait accompli.

Dagegen kann es aber auch passieren, daß während des Krieges das nervöse Publikum den Großteil der Wertpapiere schon abgestoßen hat, und wenn der Friede dann ganz überraschend kommt, schlägt die Börse sofort um und schießt wie eine Rakete empor.

Kurz gesagt, nach meiner Erfahrung haben sensationelle und erschütternde Ereignisse zur Folge, daß sich die Börsentendenz um 180 Grad dreht. Kommen wir auf unser Beispiel Kriegsausbruch 1939 zurück. Wären die Börsen monatelang vor Kriegsausbruch gestiegen, so hätte es bei Beginn der Feindseligkeiten einen Riesenkrach gegeben. Anstatt des Fait accompli hätte es sich um eine dramatische schlechte Nachricht gehandelt.

Krieg und Frieden sind natürlich extreme Fälle. Das Phänomen des Fait accompli kann man jedoch auch bei vielen anderen politischen und wirtschaftlichen Ereignissen beobachten. Diese Beobachtung hat sich so oft bestätigt, daß ich sie fast zur Regel erhoben habe.

Ich möchte also folgendes Fazit ziehen: Ihre Logik stützt sich nur auf die sogenannten Fundamentalien, die statistischen, wirtschaftlichen, politischen und sonstigen Faktoren. All das aber wurde von den erwähnten technischen Faktoren überspielt. Mit einem Wort, Ihre Überlegungen waren zu theoretisch, und deshalb entsprechen sie nicht den Gegebenheiten der Praxis.«

Die Antwort, die ich meinem Freund im Hinblick auf seine vielerlei Hausse- und Baisse-Engagements für Effekten und Rohstoffe gab, läßt sich auch auf die allgemeine Börsentendenz anwenden.

Von Zeit zu Zeit fragt man sich erstaunt, warum die Börse trotz des Konjunkturrückganges steigt und warum sie in einer Periode der Hochkonjunktur fällt. Die Erklärung dafür ist, daß Börsentendenz und Konjunkturtrend zwar voneinander abhängig und den gleichen Gesetzen unterworfen sind, aber nicht parallel verlaufen.

Ich habe schon vor Jahren folgendes Beispiel geprägt, das mittlerweile oft zitiert wird: Stellen Sie sich einen Mann vor, der mit seinem Hund eine Straße entlanggeht. Der Mann schreitet gleichmäßig voran; das ist die Wirtschaft. Der Hund stürmt vorwärts, springt hierhin und dorthin, kommt zu seinem Herrn zurück, läuft wieder davon und kommt wieder zurück; sein Weg stellt die Bewegungen der Wertpapiere dar. Beide kommen voran, Herr und Hund. Schließlich erreichen sie gemeinsam das Ziel ihres Spazierganges. Während der Mann einen Kilometer gegangen ist, hat der Hund den gleichen Weg drei- oder viermal zurückgelegt. Genauso ist es mit den Bewegungen an der Börse; indem sie voranläuft und dann wieder zurückkommt, begleitet sie die wirtschaftliche Expansion.

Zwei wesentliche Faktoren, die *Geld- und Kreditsituation* einerseits und die *Psychologie der Massen* andererseits, wirken sich nicht gleichzeitig mit der Konjunktur auf die Börse und die Wirtschaft aus. Der Geldmarkt und das Wirtschaftsleben stehen in engem organischen Zusammenhang. Aber was für die Geschäftswelt günstig ist, ist sehr oft für die Börse ungünstig.

Meiner Ansicht nach sind für die allgemeine Börsentendenz, also nicht für einzelne Aktien, die Faktoren Phantasie und Geld viel ausschlaggebender als die fundamentalen Tatsachen. Allerdings gibt es auch da wieder Ausnahmen: Eine Aktie kann durchaus auch in einer sehr pessimistischen Situation etwas steigen, wenn tiefe und fundamentale Gründe dafür vorhanden sind. Das geschieht aber sehr langsam, weil sie gewissermaßen gegen den Strom schwimmen muß. So gilt auch umgekehrt: Wenn fundamentale Gründe für ein Papier sprechen in einer optimistischen Tendenz, dann wird es viel schneller steigen als die übrigen Aktien. Oder ein schlechtes Papier wird wegen seiner fundamentalen Gründe in die Tiefe gehen, obgleich der Markt insgesamt optimistisch ist. Die gesamte Börse hat also eine Tendenz, und jedes Papier hat seine eigene Tendenz aus fundamentalen Gründen. Die Fundamentalien sind sehr wichtig, aber gegen den starken Strom der Kapitalbewegung können sie sich nicht völlig durchsetzen.

Sehr oft ist die Kursentwicklung sogar entgegengesetzt zu der fundamentalen Richtung. Denn eine Wirtschaftseuphorie bringt höhere Zinsen (wie ich es oben schon erklärt habe), schlechtere Liquidität, weil die Unternehmen selber alle zur Verfügung stehenden Gelder für direkte Investitionen benötigen. Daher kommt es häufig vor, daß während einer Wirtschaftsrezession und eines Rückgangs der Zinsen die Börse steigt, obwohl die fundamentalen Faktoren, das heißt Gewinne und Dividenden, dies nicht erwarten lassen. In einer Periode des wirtschaftlichen Booms, wenn Handel und Industrie florieren und die verfügbaren Kapitalien für die Expansion verwendet werden, greifen die Behörden (Notenbank, Regierung) zu restriktiven Maßnahmen, um eine Wirtschaftsüberhitzung zu vermeiden. Der Diskontsatz wird erhöht und Kreditrestriktionen eingeführt. Die Geldmenge wird gedrosselt. Die Banken erhöhen die Debetzinsen, beschneiden oder streichen im äußersten Fall sogar die zugestandenen Kredite usw. . . .

Es liegt auf der Hand, daß die Kurse der Aktien niemals ihrem wahren Wert entsprechen. Sie sind immer höher oder tiefer. Hat eine Aktie überhaupt einen meßbaren Wert? Wäre dem so, dann könnte man den genauen Wert einer Industriefirma angeben, und es gäbe überhaupt keine Börse. Es gäbe einen festen Preis für die Aktien, der mit Hilfe eines Computers zu errechnen wäre. Dies ist aber nicht der Fall. Und deshalb versagen auch alle Experimente, mit Computern eine Börsentendenz voraussagen zu wollen.

Schätzungen und Beurteilungen einer Aktie hängen von der einzelnen Person ab: Ein und derselbe Mensch hat aber auch über die Aussichten und die Zukunft eines Unternehmens jeden Tag eine andere Ansicht. Viele Faktoren beeinflussen das Urteil. Die gute oder schlechte Stimmung des Käufers, persönliche Probleme spielen auch eine Rolle.

Und das gleiche gilt, wenn man die allgemeine Börsentendenz beurteilen will. Letztlich ist die Stimmung an der Börse eine Frage der Übereinkunft zwischen den Börsenteilnehmern. Eine Übereinkunft über die Frage, ob deren Mehrheit optimistisch oder pessimistisch eingestellt ist. Dieses daraus entstehende sogenannte Börsenklima ist ausschlaggebend für die Entwicklung der Kurse, bei der es sich dann wiederum herausstellt, ob es für die Aktienbesitzer wichtig oder notwendig ist, Papiere zu verkaufen, oder ob es für die Geldbesitzer notwendig ist, Aktien zu kaufen.

Es ist auch schwer zu sagen, wie eine Stimmung überhaupt entsteht. Denn die Stimmung hat nichts mit der Zukunft zu tun, sie hat mit dem Präsens zu tun. Über Pessimismus und Optimismus entscheiden verschiedene Faktoren, historische, politische, wirtschaftliche oder beispielsweise das Vertrauen oder Mißtrauen in die Finanzpolitik. Diese Faktoren sind aber nicht wirklich objektivierbar.

Das, was wir die Stimmung oder das Klima an der Börse nennen, folgt keiner Logik und überrascht auch die Experten oft. Merke: Die Börsenlogik ist mit der Alltagslogik nicht identisch.

Steigt die Börse, kommt das Publikum, fällt die Börse, geht das Publikum

Wenn man es ganz genau nähme, dürfte man gar nicht von »Börsenpsychologie« sprechen, denn die Börse *ist* Psychologie. »Die Verwirrung der Verwirrungen« heißt das erste Buch, das 1688 über die Börse erschien.

Zyklen wie Ebbe und Flut, die Abfolge der Jahreszeiten, der beständige Wechsel der Mondphasen prägen die Natur; und auch im gesellschaftlichen Leben begegnen uns Zyklen, etwa die Abfolge von Boom und Rezession in der Wirtschaft, Krieg und Frieden zwischen den Völkern, überhaupt der Pendelschlag zwischen Optimismus/Innovation und Pessimismus/Stagnation in der Geschichte menschlicher Gemeinschaften. An der Börse ist es genauso, und auch hier treibt die Massenpsychologie als entscheidender Motor diese immerwährende Bewegung an.

Ich habe – um das Geschehen an den Finanzmärkten etwas durchsichtiger zu machen – nach jahrzehntelanger Erfahrung und Beobachtung eine Theorie der zyklischen Kursentwicklung an der Börse (sei es bei Aktien, Anleihen, Edelmetallen, Rohstoffen – also bei all jenen Märkten, auf denen spekuliert wird) entwickelt (vgl. »Kostolanys Börsenseminar«, S. 133 ff.). Hier möchte ich mein Modell nur kurz referieren:

Jeder Börsenzyklus besteht aus drei Phasen:

1. Der Phase der Korrektur,
2. der Phase der Anpassung oder Begleitung,
3. der Phase der Übertreibung.

Nehmen wir als Beispiel eine Aufwärtsbewegung. Während der neuen ersten Phase wird der Kurs, der zu tief gefallen war, auf ein Niveau korrigiert, das gewissermaßen realistisch und berechtigt ist. In der zweiten Phase entwickelt sich der Kurs parallel zu den laufenden Ereignissen. Sind sie für den Artikel ungünstig, geht der Kurs berechtigterweise wieder zurück. Sind die Ereignisse positiv, begleitet die Notierung sie in einer Aufwärtsbewegung. An einem gewissen Punkt der zweiten Phase besteht nun die Gefahr, daß, begünstigt durch weitere positive Ereignisse, automatisch in die dritte Phase übergegangen wird. In dieser Phase des Bullmarktes springen die Kurse von Stunde zu Stunde in die

Höhe. Die Kurse und Stimmungen eskalieren sich gegenseitig. Die gestiegenen Kurse erzeugen eine rosige Stimmung, der Optimismus kennt keine Grenzen mehr und wird zur Euphorie, und diese treibt die Kurse jetzt noch weiter in die Höhe. Sie haben keine Bedeutung mehr, sind ausschließlich von der Massenhysterie bestimmt.

In einer zyklischen Baissebewegung erzeugen die tiefen Kurse in der dritten Phase einen schwarzen Pessimismus, der wiederum auf die Preise drückt, und die Kurse fallen wie Blätter im Herbst. Diese Baisse- oder Haussewelle der letzten Phase dauert immer so lange, bis ein psychischer Elektroschock aus irgendeiner Richtung den Teufelskreis zu durchbrechen vermag. Wenn der Elektroschock nicht kommt, obwohl Argumente für die Gegenrichtung bereits vorhanden sind, dann tobt sich diese letzte rein psychologische Phase langsam aus. Und eines Tages wendet sich die Markttendenz ohne jede erkennbare Veranlassung zur größten Überraschung des Publikums und sogar der Experten, die darauf nicht vorbereitet waren. Nun beginnt die zyklische Gegenbewegung (in unserem Falle die Korrektur, die Anpassung und die Übertreibung in einer Abwärtsbewegung). Das ist die ewige Rotation oder Paternosterfahrt an der Börse.

Wie soll sich nun der Spekulant in diesen drei Phasen verhalten? In der dritten, das heißt in der Übertreibungsphase des Bearmarktes, sollte er kaufen und auch nicht erschrecken, wenn die Preise weiter zurückgehen. Denn wie die alten Börsianer schon auf der Budapester Getreidebörse sagten: »Wer den Weizen nicht hat, wenn er zurückgeht, hat ihn auch nicht, wenn er steigt.« In der ersten Phase der Aufwärtsbewegung sollte er weiterkaufen, denn der Tiefpunkt ist überwunden. In der zweiten Phase sollte er eigentlich nur Zuschauer sein, nur passiv mit der Bewegung gehen und sich seelisch darauf vorbereiten, in der dritten Phase bei der allgemeinen Euphorie aus dem Markt auszusteigen. Das heißt, bei der zyklischen Börsenbewegung soll man zu zwei Dritteln gegen die Tendenz und zu einem Drittel mit der Tendenz gehen.

Es ist natürlich sehr schwierig für einen Spekulanten, gegen die dritte Übertreibungsphase der Baisse zu gehen, das heißt gegen den allgemeinen Konsensus zu handeln und zu kaufen, wo die Kollegen, die Massenmedien und Experten zum Verkaufen raten (und vice versa). Denn sogar jener, der diese Theorie kennt und ihr folgen möchte, ändert im letzten Moment unter dem Druck der Massenpsychose seine Meinung und sagt sich, theoretisch müßte ich zwar jetzt einsteigen, doch ist die Situation diesmal anders. Es stellt sich ja erst spät heraus, daß auch diesmal antizyklisches Handeln das beste gewesen wäre. Man muß sehr trainiert, mißtrauisch, zynisch und auch ein wenig eingebildet sein, um sich der Massenhysterie entziehen und sagen zu können: »Ihr seid alle Dummköpfe, nur ich weiß etwas, oder jedenfalls weiß ich es besser!« Zugegeben, das ist kein schöner Charakterzug, aber sehr nützlich, um selbständig zu denken und die conditio sine qua non zum Erfolg. Deshalb gelingt es an der Börse auch nur einer Minderheit, erfolgreich zu spekulieren. Die Mehrheit zählt ja zu den Verlierern.

Kürzlich gab Johannes Gross in seinem »Notizbuch« folgende Einsicht wieder: »Um beim Spekulieren richtig Geld zu verdienen, berichtet John Train, muß einer die Lage nicht nur richtig beurteilen – es müssen auch alle andern falsch liegen. Die erfolgreichen Geldjäger merkten immer mit Vergnügen auf, wenn in der Finanzwelt sich eine Übereinstimmung herausbildet. Die Meinung der vielen sei regelmäßig falsch und eröffne immer beutereichen Jagdgrund.«

Selbstverständlich habe ich mich sehr gefreut, im *FAZ-Magazin* auf dem Umweg über den Gewährsmann John Train mein ewiges Spekulanten-Credo wiederzufinden.

Doch zurück zum Spekulieren in den drei Phasen: Natürlich stellt sich jetzt die Frage, in welcher man sich befindet. Dafür gibt es kein Lehrbuch, so wie es auch keine vollkommene Spekulation gibt. Es gibt auch keine Methode, die man blind anwenden kann. Ich muß – aus Erfahrung – erraten, wie die Lage ist. Wie, in welcher Intensität, wird das Publikum reagieren? Wie ist die technische Verfassung der Börse, in welchen Händen befinden sich die Papiere, werden sie von psychologisch festen oder schwankenden Börsenteilnehmern gehalten?

Es gibt keine wissenschaftliche Methode, zu berechnen, wann eine Phase in die andere umschlägt, und noch weniger Wahrscheinlichkeit, um kalendarisch genau zu berechnen, wann die Wende kommt. Eine Aufwärtsbewegung kann jahrelang dauern (wie wir es trotz der Unterbrechung durch den Oktoberkrach 1987 in den letzten Jahren erlebt haben) oder auch nur Monate. Diese Einschätzungen muß man selbst vornehmen aufgrund der Erfahrungen und der Symptome. Wer Börsenkurse oder -tendenzen mit »wissenschaftlichen« Methoden voraussagen will, ist entweder ein Scharlatan oder ein Dummkopf oder beides zur gleichen Zeit.

Nur eine sehr lange Erfahrung gibt einem, was man

das Fingerspitzengefühl nennt. Auch der erfahrenste, mit allen Wassern gewaschene Spekulant kann sich irren. Er muß sich sogar oft irren, um die notwendige Erfahrung zu sammeln. Ein Börsenspekulant, der in seinem Leben nicht wenigstens zweimal pleite war, ist dieser Bezeichnung nicht würdig. Wir sind alle in einem dunklen Raum, aber gewiß wird sich jener, der sich schon seit Jahrzehnten in diesem Zimmer aufhält, besser zurechtfinden als einer, der erst vor kurzem eingetreten ist.

Bei Begriffen wie »Kunst« oder »Fingerspitzengefühl« hätte mich mein Vetter George Katona vielleicht etwas skeptisch angeschaut, denn er war dem wissenschaftlichen Diskurs verpflichtet. Doch ich glaube, er hätte verstanden, daß die Börsenpsychologie eine permanente Improvisation ist: An der Börse kann man die Ereignisse und die Reaktion des Publikums nie »voraussehen«, nur erraten!

VIERTE VORLESUNG:

Der große Krach – ein Lehrbeispiel der Massenpsychologie

Massenpsychologische Reaktionen sind wie ansteckende Krankheiten: Einer gähnt im Theater, und in kürzester Zeit gähnen alle; einer hustet, und sofort husten alle. So ist es auch an der Börse.

Allein der Schmerz sei positiv, schreibt der Philosoph Schopenhauer. Glück sei nur die Abwesenheit des Leidens. Auch für den Spekulanten ist der Schmerz das einzig Positive: der Verlust, also bei der Börse die Baisse oder mehr noch der Börsenkrach.

Die öffentliche Meinung wird sich der Börse erst wirklich in dem Augenblick bewußt, da Zeitungsüberschriften wie »Börsenkrach mit soundso viel Millionen« erkennen lassen, daß ein Rad der Riesenmaschine sich gelöst hat.

Der Börsenkrach ist eine für das Wohlbefinden des Spekulanten sehr fühlbare Realität, um so mehr, als er überraschend kommt. Die Hausse steigt sanft, sie erklimmt Absatz um Absatz, ohne daß man es eigentlich merkt, während der Börsenkrach plötzlich und mit der Heftigkeit göttlicher Rache kommt. Er läßt die Vermögen zu Staub zerfallen, läßt sie zuerst unter dem Aufprall zersplittern und zermalmt sie schließlich vollständig.

Die Lage an der Börse ist befriedigend, wenn das Barometer auf beständig steht. Wenn alles gutgeht, streicht der Herr Spekulant vergnügt seinen Gewinn ein. Daß die Börse gutgeht, erscheint ihm absolut normal, zur natürlichen Ordnung der Dinge gehörend. Daß sie auch schlechtgehen kann, und noch dazu auf so gewalttätige Weise, kommt ihm gar nicht in den Sinn: Das wäre eine persönliche Beleidigung.

Und wenn der Börsenkrach wirklich kommt, wenn die Baisse sein Kapital annagt, dann empfindet er natürlich die finanzielle Einbuße schmerzlich, dann fühlt er sich vom Schicksal ungerecht behandelt: Das allein ist positiv. Der Gewinn ist nur eine Illusion, allein der Verlust ist Realität.

Kriege, Börsenkräche sind die Meilensteine auf der langen Straße der Geschichte. Sie sind selbst Geschichte, sie durchziehen die Geschichte und unterteilen sie in Perioden.

Die Geschichte der Börse ist gekennzeichnet durch den Wechsel zwischen guten und schlechten Perioden: den Booms und Börsenkrächen. Beide sind ein unzertrennliches Gespann.

Die Booms schwellen im Rhythmus der Prosperität zunächst gemächlich an wie eine Schweinsblase. Und dann, ganz plötzlich, ist fatalerweise ein riesiger Ballon daraus geworden, der durch einen Nadelstich platzen kann. Es gibt ein Gesetz bei der Spekulation: Kein Börsenkrach, kein Knall, dem nicht ein Boom vorangegangen ist, und kein Boom, der nicht mit einem Börsenkrach endet.

Für Börsenkrach haben die Franzosen das deutsche Wort »Krach« entlehnt, das sie »Krack« aussprechen und das sie an das Zerbrechen eines Spiegels erinnert. Auf Englisch heißt er »Crash«. Wie ein Gewitter kommt er plötzlich bei blauem Himmel zum Ausbruch, ohne daß auch nur die kleinste Wolke ihn angekündigt hat.

Noch heute spüren die Anleger den weltweiten Börsenkrach vom 19. Oktober 1987 in ihren Knochen. Wie kam es zu dieser für die meisten wieder unerwarteten Katastrophe?

Während der Sommermonate 1987 fingen die Zinsen an, langsam zu steigen, obwohl es keinen Grund dafür gab. Aber der Optimismus war noch stärker als die steigenden Zinsen, und die Kurse gingen weiter in die Höhe – wie immer, wenn der Markt erst einmal läuft. Dann aber wurde von der Federal Reserve, der amerikanischen Notenbank, nochmals die Zinsschraube in den USA festgezogen, als Folge der deutschen Bundesbankpolitik, die unter Leitung von Herrn Schlesinger höhere Zinsen zur Inflationsbekämpfung (eine heilige Kuh in Deutschland!) festsetzte.

Das war der Nadelstich, durch den der geschwollene Ballon platzte.

Es war abzusehen, daß die Luft mit steigenden Zinsen in einigen Monaten von selbst aus dem Ballon weichen würde.

Eine 25prozentige Talfahrt als Reaktion auf Spitzenkurse und eine fünfjährige Aufwärtsbewegung ist nichts Neues, das habe ich schon 20mal erlebt. Aber das Absacken des Dow-Jones-Index um 500 Punkte (22 Prozent) an *einem* Tag war auch für mich eine Überraschung; auch wenn die Kurse ihren Höchststand bereits im Juli/August erreicht hatten und schon etwas abgebröckelt waren. Daß aber der Knall so plötzlich kam und so heftig ausfiel, war die Folge einiger technischer Ereignisse:

Erstens war da der Übermut der Hasardspieler in Chicago. Dort kann man mit einem Einsatz von gut fünf Prozent in milliardenschweren Aktienkontrakten spielen – ein ganz perverser Zustand.

Der Handel mit Indexkontrakten ist eines der vertracktesten Spiele, mit denen die Verführer heute das Publikum in das große Spielkasino locken, das sie aus der Börse gemacht haben. Außer den institutionellen Aktienbesitzern nehmen auf diesem Markt vor allem die kleinen Spieler einen großen Platz ein.

Der Index ist nichts anderes als der Durchschnittspreis. Indexe gab es immer, aber damit zu handeln war eine Erfindung der Chicago-Broker, die in Warentermingeschäften während der Inflationsjahre viel Geld gemacht hatten. Als der Handel in Rohstoffen zu Ende ging, weil die Inflation erfolgreich bekämpft worden war, sattelten sie um auf das Geschäft mit Indexkontrakten. Ein Indexkontrakt besteht aus 500 verschiedenen Aktien zum Betrag von zirka 170 000 Dollar (Stand: Juli 1990). Um damit spielen zu können, mußte man nur 10 000 Dollar einsetzen. In der Bankierssprache würde man sagen, daß auf die gekauften Wertpapiere ein Kredit von 94 Prozent eingeräumt wird. Das ist pervers. So ein Hebeleffekt hat Seltenheitswert (sogar auf den Warenterminmärkten); es gab ihn nicht einmal an den euphorischen Börsen der zwanziger Jahre, wo immerhin mindestens zehn Prozent eingesetzt werden mußten.

Da die kleinen Kontraktspieler ja selber gar nicht den Wert des Kontraktes ausrechnen können, der aus den Kursen von 500 Aktien besteht, gibt es seit einiger Zeit eine neue Masche für die Profis: das ausgeklügelte Computerprogramm. Der Computer des Händlers zeigt an – von Minute zu Minute –, wie zirka 50 bis 100 der insgesamt 500 Aktien an der Börse stehen.

Welche 50 bis 100 aus den 500 Aktien herausgepickt werden sollen, berechnet ebenfalls der Computer. Es sind solche Aktien, deren Bewegungen mit dem Durchschnitt am besten parallel gehen. Je nach Computeranzeige reagiert dann der Händler. Wenn zum Beispiel der Indexkontrakt nur ein halbes Prozent höher steht als die Aktienkurse zur selben Zeit, verkauft er den Kontrakt und kauft die Aktien.

Steht der Kontrakt dagegen ein halbes Prozent tiefer, als es sein sollte, kauft er Indexkontrakte und verkauft die Aktien. Das heißt dann Positions-Arbitrage, denn die Aktien werden nie übernommen und auch nicht geliefert. Das Ganze ist darauf aufgebaut, daß all diese kleinen Diskrepanzen sich in kürzester Zeit ausgleichen oder sogar in die entgegengesetzte Richtung umkippen – daß zum Beispiel der höher verkaufte Kontrakt in kürzester Zeit, wenn die Tendenz umschlägt, tiefer stehen wird, als es sein sollte. Dann verkauft der Arbitrageur die erworbenen Aktien und kauft den verkauften Indexkontrakt zurück. Es ist nichts anderes als ein blitzschnelles Berechnen der Disparitäten ohne jede Überlegung oder Motivation.

Bei den durch den Zinsanstieg fallenden Kursen nun mußten die Spieler Geld nachschieben, weil die Baisse ihre 5 Prozent Deckung aufzehrte. Ist der Einschuß indes nicht auf die Minute genau eingezahlt, werden die notleidenden Engagements zwangexekutiert. Das war die erste Welle von massiven Verkäufen.

Der zweite technische Grund für den Crash vom 19. Oktober 1987: Die obergescheiten Geldmanager von großen Instituten (die sogenannten Golden Boys), die in ihren Wertpapierdepots über Milliarden von Aktien frei verfügen, hatten Angst bekommen (zu Recht, denn allein in New York verloren 60 000 von ihnen nach dem Krach ihre gutdotierten Jobs, ihre Luxusappartements und Porsche-Flitzer) und wollten die Portfolios – wie sie sagten – »versichern«. Also verkauften sie ihre Papiere in Chicago für Milliarden auf dem Indexmarkt per Termin und rissen damit die Preise noch weiter in die Tiefe.

Diese sogenannte Portfolio Insurance war ursprünglich als Sicherungsinstrument für große Finanzinstitute gedacht, die sich vor einem möglichen Einbruch an der Börse schützen wollten. Sie verkaufen nicht die Papiere selbst – was sehr umständlich wäre –, sondern eben die Indexe. Doch so wie es die Golden Boys betrieben, ist mir das eine schöne Versicherung – nach der Methode: Das Haus ist verkauft und dadurch gegen Feuer versichert!

Natürlich entstand eine Kettenreaktion. Denn je weiter die Kurse fallen, desto mehr Kontrakte werden verkauft. Daß der Markt auf Talfahrt ging, war die Folge der Zinserhöhung. Daß daraus ein Crash wurde, war die Schuld des perversen Spiels in Chicago. Dazu kamen die Zwangsexekutierungen vieler Tausender kleiner Zaungäste, und sogleich wurde das ganze Publikum von Panik ergriffen.

Wenn das Publikum einen Dow-Jones-Rückschlag von 500 Punkten sieht, rennt es wie die Schafe eins dem anderen nach: ein totaler Ausverkauf von Aktiendepots. Ich war an dem Tag bei einem Broker und habe gehört, wie die Kunden in Panik anriefen: »Alles verkaufen!« Nicht das eine oder andere Papier – alles!

Zwangsexekutionen, Ausverkauf der institutionellen

Portfolios, Panik des Publikums: das ist die Geschichte des 1987er Börsencrashs in der Nußschale.

In der allgemeinen Aufregung mußte ich damals tagelang Interviews geben, im Fernsehen und Radio, für die Presse, und bekam unzählige Telefonanrufe. Ich selbst war ganz ruhig, wie meist bei großen Börsenkrächen. Ich mußte wieder einmal an meinen guten alten Freund Eugène Weinreb denken, einen routinierten Börsenfuchs, der schon im Alter von zehn Jahren zu spekulieren begonnen hatte. Eines Tages kam sein Sekretär voller Aufregung zu ihm: »Die Papiere gehen dramatisch zurück!« Seine Antwort: »Die Papiere gehen zurück? Soll ich mich aufregen? Ich war drei Jahre in Auschwitz . . .«

Viele Beobachter sprachen damals von »Wahnsinn, Chaos, Panik, Psychose«; Psychologen, die sich auf dieses Gebiet spezialisiert haben, sahen ihre Theorie bestätigt, daß sich an solchen »schwarzen« Börsentagen finstere, sozusagen todessehnsüchtige Mächte aus dem Unterbewußtsein einer Sphäre bemächtigen, die sonst allein von der Vernunft regiert wird. Gewiß, übertriebenen Pessimismus habe ich schon immer für ein Übel gehalten, doch ich habe eine bessere Meinung von der menschlichen Natur. Nicht dunkle Mächte aus der Tiefe der Seele haben den Krach ausgelöst, sondern der Übermut.

In Zeiten der Hochkonjunktur werden Anleger besonders übermütig, in ihrer Euphorie sehen sie nicht, daß der Ballon auch platzen kann. Doch der Nadelstich kommt immer. Es ist die alte Geschichte: Hausse und Baisse, Euphorie und Krach, ein Zyklus wie Ebbe und Flut – mit einem Unterschied: Die Ozeanographen können Ebbe und Flut auf die Sekunde berechnen.

Auch ich als alter »Ozeanograph« der Börse hatte den genauen Zeitpunkt des Krachs und seine Intensität nicht voraussehen können. Aber schon im Juni 1986 hatte ich in meiner *Capital*-Kolumne geschrieben: »... die Qualität der Käufer der letzten Monate ist nicht gut, und zwar ganz gleich, ob es sich um In- oder Ausländer handelt. ... Millionen von Aktien befinden sich momentan in zittrigen Händen, die bei höheren Kursen verkaufen möchten. Melden sich keine neuen Käufer, verlieren sie die Geduld und verkaufen dann auch tiefer.«

Im September 1987 bekräftigte ich dann meine Einschätzung der damaligen technischen Börsenverfassung und sagte, daß ich meine deutschen Aktien schon 15 Monate vorher verkauft hätte und urbi et orbi predigen würde, aus dem deutschen Markt auszusteigen. Ich hatte doch gesehen, wie eine Emission nach der anderen aufgelegt wurde, wie die Banken die Hysterie zusätzlich anheizten. Ich weiß, wie so etwas vor sich geht: Der Direktor einer großen deutschen Bank ruft Mr. Jones in Schottland an und sagt: »Mr. Jones, man muß jetzt einsteigen in Siemens.« Dem jungen Mann dort imponiert es natürlich, wenn ein bedeutender deutscher Bankdirektor ihn ins Vertrauen zieht, und er kauft sofort 50 000 Papiere. So wird die Hausse gemacht.

Dabei wissen diese jungen Portfolio-Manager, die an der London School of Economics oder an der Harvard Business School gerade ihr Examen gemacht haben und von der Schulbank sofort in die Finanzbank kommen, doch gar nicht, wie die Börse funktioniert. Und auch die deutschen Händler haben die Dimension der deutschen Börsen völlig überschätzt. Wenn alle verkaufen wollen, dann entsteht der berühmte Flaschenhalseffekt;

die deutschen Börsen sind zu klein für solche enormen Beträge.

In meiner Oktober-Kolumne, einen Monat vor dem 19. Oktober 1987 verfaßt, hieß es dann:

»Angesichts des permanenten Börsenaufstiegs in der Welt liegt die Frage nahe: Wie lange kann das noch so weiter gehen, wann droht die Wende, zumindest aber ein heftiger Rückschlag? Zur Erinnerung: Anfang der achtziger Jahre, inmitten des allgemeinen Pessimismus, schrieb ich, der Börsenaufstieg könne um so explosiver (sic!) werden, je später er sich einstelle. Die Explosion ist da, nicht allein an der Wall Street, sondern überall, inklusive der exotischen Minibörsen.«

Mein Motto »Immer Angst haben, nie erschrecken!« hat sich wieder einmal als richtig erwiesen. Über der Kolumne stand in fetten Buchstaben: »Der nächste Einbruch an der Börse kommt bestimmt. Doch langfristig wird es am Markt aufwärts gehen – den Sowjets sei Dank!«

»Die Gorbatschow-Hausse«

Das war ein dreifacher Volltreffer, ein »Hattrick« in der Sportlersprache. Der Einbruch fand statt; doch am Aktienmarkt ging es wieder aufwärts, und völlig zu Recht nennt man die gegenwärtige Aufwärtsentwicklung auch die »Gorbatschow-Hausse«.

Für das gewandelte Ost-West-Verhältnis sind zwei Personen verantwortlich: der damalige US-Präsident Ronald Reagan, der Milliarden und Abermilliarden für Rüstung, Überrüstung und Nachrüstung ausgab und dafür sogar Haushaltsdefizite in Kauf nahm, und Michail

Gorbatschow, der kluge und vernünftige Staatsmann (ich wiederhole: nicht Politiker, sondern Staatsmann). Er sah ein, daß der Sowjetwirtschaft beim kostspieligen Wettrüsten die Puste ausgehen würde – und zwar eher als dem Kapitalismus.

Dreimal hat Gorbatschow bei den Verhandlungen in Genf die Sitzung verlassen und fast platzen lassen. Doch Ronald Reagan blieb hart. Also mußte der Kreml-Chef wiederkommen – mit konstruktiven Vorschlägen. Noch heute vertreten europäische Ökonomen die Ansicht, daß der »Cowboy«, der »Schmierenschauspieler« Reagan Amerika mit seiner Hochrüstung an den Rand des Abgrundes gebracht habe.

Die beste Antwort darauf ist ein Witz aus Budapest, der größten Witzschmiede der Welt:

Der kluge und vorsichtige Grün will 100 000 Forint anlegen. »Lassen Sie bei uns ein Depot mit guter Verzinsung verwalten«, sagt der Sparkassendirektor. »Aber was geschieht, wenn Sie Pleite machen?« fragte der ängstliche Grün. »Für uns garantiert die Nationalbank und die ungarische Regierung.« »Und wenn diese auch pleite gehen?« »Unmöglich, denn für sie garantiert die Sowjetregierung.« »Schön und gut,« antwortet der vorsichtige Sparer, »und was, wenn diese auch zugrunde geht?« »Aber Herr Grün, unter uns, wäre Ihnen das die 100 000 Forint nicht wert?«

War die grundlegende Änderung des Weltklimas nicht das amerikanische Haushaltsdefizit wert?

Michail Gorbatschows Politik der Vertrauensbildung und Abrüstung und die von ihm eingeleitete Öffnung zum Westen hatten zur Folge, daß Washington die COCOM-Liste, die den Export von Tausenden von Artikeln in die Sowjetunion und den ganzen Ostblock verbietet, lockerte und möglicherweise später sogar ganz abschaffen wird. Die Sowjets kaufen Tausende von Artikeln, zu denen sie vorher keinen Zugang hatten. In erster Linie natürlich in den USA, und hier vor allem High-Tech-Produkte, aber auch in Westeuropa und Japan. Und die Sowjets sind erstklassige Kunden.

Ich erinnere mich an die zwanziger Jahre, als die junge Sowjetrepublik für die deutsche Industrie gigantische Aufträge vergab. Viele meiner Bekannten – meist russische Flüchtlinge mit Sitz in Berlin (die reichen Aristokraten und ihre schönen Frauen, viele von ihnen wurden Mannequins bei den großen Modehäusern, gingen nach Paris; die Geschäftsleute nach Berlin) – machten glänzende Geschäfte, oft sogar ein Vermögen damit, daß sie die Wechsel, mit denen die Moskauer Regierungsunternehmen ihre Importe bezahlten, diskontierten. Die deutschen Unternehmen zahlten 30 Prozent pro Jahr Zinsen, um ihre Exporte in die Sowjetunion zu finanzieren. Es ist leicht, sich vorzustellen, wie hoch die Profite dieser Unternehmer gewesen sein müssen, um solche Zinsen wegstecken zu können. Und nicht ein einziger Wechsel ist je geplatzt. Die Sowjets kauften alles, was sie bekommen konnten.

Auch jetzt, wo die »Schwarze Liste« gelockert oder, horribile dictu, aufgehoben wird, werden sie alles, was »ihr Herz begehrt«, kaufen wollen – so ungeheuer groß ist ihr Nachholbedarf. Vorsichtige werden jetzt fragen: »Haben sie auch genug Geld?« Die Antwort ist »Ja«, dank der immensen Bodenschätze, die dieses Riesenreich sein eigen nennt, aber bis jetzt noch nicht genügend ausbeuten kann.

Zuverlässig sind die Sowjets auch. Ich habe viele Freunde, die schon vor dem Zweiten Weltkrieg mit russischen Handelsdelegierten zu tun hatten. Ihre Meinung ist uniform: Man mußte mit den Delegierten nächtelang hart und zäh in verräucherten Hotelzimmern bis zum Morgengrauen verhandeln und handeln und Wodka trinken, bis sie endlich bereit waren, einen Vertrag zu unterschreiben. Hatten sie aber endlich unterschrieben, gab es hinterher nie mehr den geringsten Einwand. Und gezahlt wurde, als seien sie die Bank von England.

Meine große Hoffnung ist nur, daß Gorbatschow nichts passiert. Sein Beispiel zeigt, wie ein herausragender Politiker, der auch die seltene Gabe des Charismas hat (Ronald Reagan, obwohl immer als unbedarfter Schauspieler gescholten, besaß sie auch – und allein das ist entscheidend), das für die Wirtschaft so wichtige Klima des *Vertrauens* und der Zuversicht schaffen kann. Denn was steht hinter all den Effekten, den Aktien, den Obligationen, hinter dem Stückchen Papier mit vielen Unterschriften, den Anleihen, welche die Regierungen oft kiloweise herausgaben und nicht immer respektierten? Hinter all dem steht allein das Vertrauen – und oft ein mißbrauchtes Vertrauen.

Gorbatschows Popularität im Ausland soll allerdings viel größer sein als sein Ansehen zu Hause. Doch man hat ihn schon zehnmal beerdigt, er ist immer wieder auferstanden. Er ist ein Stehaufmännchen – wie ein richtiger Börsianer. Deshalb bin ich zuversichtlich, denn, wie beschrieben, basiert meine große Vision auch auf der von ihm betriebenen Politik.

Ich werde auch oft gefragt, was ich vom EG-Binnenmarkt ab 1992 halte. Für die Institution bin ich zuversichtlich, nicht unbedingt für den Termin. Ihn halte ich für nicht realistisch, doch ist er auch gar nicht so wichtig. Warum das so ist, illustriert ein 1930 uraufgeführtes französisches Theaterstück von Jules Romains, das noch heute manchmal in der Comédie Française gespielt wird: Ein junger Mann will wegen seiner Mißerfolge Selbstmord begehen. Im letzten Moment begegnet er dem alten Le Trouhadec, Professor für Geographie, der auch stark angeschlagen ist, weil ihn ein Rivale im Wettbewerb um die Akademie-Mitgliedschaft als unseriösen Wissenschaftler entlarven konnte. Der Rivale weist nach, daß das Land Donogoo-Tonka, irgendwo in Südamerika, wo riesige Goldvorkommen gefunden worden sein sollen und das Le Trouhadec in einem Buch exakt beschreibt, überhaupt nicht existiert, eine Erfindung des Professors ist.

Der Selbstmordkandidat ist auf einmal hellwach: »Was? Donogoo-Tonka existiert nicht? Dann werden *wir* es eben erschaffen.« Der Mann gründet eine AG zur Ausbeutung des Goldes von Donogoo-Tonka, kontaktiert Bankiers, Finanziers, die Presse und gibt mit großem Tamtam Aktien aus. Bald spricht die ganze Welt über Donogoo-Tonka. Abenteurer, Goldschürfer, verkrachte Existenzen, alle ziehen zu den Goldadern, die der Professor beschrieben hat, und fangen an zu arbeiten. Gold finden sie zwar nicht, aber sie müssen ihr Leben dort organisieren, bauen Hütten, aus den Hütten werden Steinhäuser, und es entsteht eine kleine Stadt. In der letzten Szene des Stückes freuen sich die Leute am zehnten Jahrestag ihrer Ankunft in Donogoo-Tonka, daß alles so wunderbar gelaufen ist. Während sie noch feiern und eine dem wissenschaftlichen Irrtum gewidmete Statue enthüllen, kommt ein Telegramm, daß Professor Le Trouhadec in die Akademie gewählt worden ist.

Genauso wird es in Europa sein, wo in der Hoffnung auf 1992 schon jetzt fieberhaft investiert, gebaut und gegründet wird. Wie auch immer der Binnenmarkt ab 1992 aussehen wird, die Vorbereitungen schaffen eine Wirtschaftseuphorie, die – erst recht im Zusammenhang mit der »Gorbatschow-Hausse« – nur dem Wohl Europas dienen kann. Wer letztlich am meisten profitieren wird, sollen die Betriebswirte analysieren. Gewiß ist: Alle, außer den Pessimisten, werden beim Binnenmarkt gewinnen.

Und so muß ich zum zehnten Mal wiederholen – und hoffen, daß auch diese Prognose eintrifft –, daß wir einer Weltkonjunktur entgegengehen, wie sie die heutige Generation noch nicht erlebt hat.

Wäre ich erst 70, also noch jung genug, würde ich die Hoffnung hegen, über die Berufspessimisten wahrhaft zu triumphieren. Die drei Jahre nach 1987 waren schon eine kleine Bestätigung – man konnte davon viel profitieren –, aber an der Börse sind drei Jahre nicht genug, um ein Gurudiplom zu erwerben. Dafür braucht man mindestens 40 Jahre.

Können Computer spekulieren?

Nach einer Legende bauten die holländischen Einwanderer auf der Spitze von New-Amsterdam (heute New York oder Manhattan genannt) eine Mauer, um sich vor den Indianern zu schützen. Es wäre nicht übel, an derselben Stelle, die heute Wall Street heißt, wieder eine Mauer hochzuziehen – als Schutz gegen die Millionen von hysterischen Spielern, die die Finanzmärkte durcheinanderbringen.

Seit dem Börsen-Crash vom 19. Oktober 1987 diskutieren Politiker, Professoren und Börsen-Offizielle, wie man verhindern könnte, daß sich ähnliche dramatische Ereignisse wiederholen. Leider haben Professoren und Politiker nicht genügend Erfahrung, um sich dem Kern des Problems zu nähern. Dabei ist auch hier eine richtige Diagnose Voraussetzung für die nötige Therapie.

Nach einem langen Börsenleben traue ich mich heute, den Vorschlag zu machen, Index-Future-Geschäfte etwas zu reformieren. Für mich ist es unbestreitbar, daß der Ursprung des Zusammenbruchs vom 19. Oktober auch auf dem Chicago-Index-Future-Markt lag. Bevor ich meinen Vorschlag erläutere, möchte ich erklären, was Programm-Trading ist und welche Rolle der Computer im Finanzgeschehen spielt.

Thomas Watson jr., der größte Förderer und Pionier des Computers, müßte sich im Grab umdrehen, wenn er hören könnte, wie heute der Computer für alle Übel in der Finanzwelt verantwortlich gemacht wird. Das ist natürlich Unsinn und der arme Computer völlig unschuldig.

Was die Computer ausführen, hätten die Geldmanager auch ohne Elektronik tun können. Der Computer ist genauso unschuldig wie das Besteck, mit dem man einen faulen Fisch ißt. Das Übel ist allein der stinkende Fisch. EDV-Systeme verarbeiten nur das, womit sie gefüttert werden: Kommt Mist rein, kommt auch Mist raus.

Computer können ein wichtiges Hilfsmittel sein, zum Beispiel dann, wenn es darum geht, Daten bereitzustellen, wenn man wissen will, wie die Bilanz irgendeiner Gesellschaft beschaffen ist. Man bekommt auf einfachste Art Informationen, die man zwanzig Jahre vorher nur durch längeres Herumsuchen in den Bibliotheken hätte finden können. Der Computer kann also dazu beitragen, Informationen über die Vergangenheit, über abgeschlossene Geschäftsjahre zur Verfügung zu stellen. Aber er kann nicht in die Zukunft hineindenken, und er kann dem Anleger auch das Denken nicht abnehmen.

Nun, was ist Programm-Trading, und was ist faul daran? Im Prinzip geht es um den schnellen Umgang mit »stop loss«, eine Methode, Verluste so schnell wie möglich zu begrenzen, d. h. sofort zu verkaufen; und umgekehrt, wenn die Preise steigen, schnell zu kaufen, bevor sie weiter steigen. Die Methode stammt aus den euphorischen zwanziger Jahren in Wall Street, als der Markt, wie heute, ein wahrhaftiger Dschungel war. Den Brokern ging es auch damals schon so sehr um die Provision, daß sie auch Kaufaufträge mit nur zehnprozentiger Deckung akzeptierten. Aber Sicherheit wollten sie natürlich trotzdem: Bei einem Kauf von 100 000 Dollar zum Beispiel mußte der Kunde 10 000 Dollar hinterlegen und gleichzeitig einen »stop-loss«-Verkaufsauftrag bei einem, sagen wir, um zwei Prozent tieferen Kurs geben. Denn eine zehnprozentige Deckung kann ja bereits nach fünf Tagen mit jeweils zwei Prozent Kursabweichung aufgezehrt sein. So mußte der Broker seinen Kunden nicht nachlaufen, um weiteres Geld zu bekommen, wenn die halbe Deckung verloren war.

Die Motivation der Golden Boys ist heute anders, als sie 1929 war; die pfeifen auf Deckung oder Garantie, denn alles geht auf Rechnung ihrer großen Institutionen. Sie können nicht denken, da sie es anscheinend an der Wirtschaftshochschule nicht gelernt haben. Sie legen im voraus fest, zu welchem Kurs sie automatisch kaufen oder verkaufen. Und dann stützen sie ihre

Transaktionen auch noch auf solche unsinnigen Chartbilder wie zum Beispiel »Kopf-und-Schulter-Formationen« oder »Untertassen« (zu den Charttheorien später mehr).

Heute sind »stop-loss«- und »stop-buy«-Aufträge für die Geldmanager das wichtigste Instrument des Börsenspiels. Sie handeln gemäß einem alten Motto eingefleischter Börsenspieler: »Was tief fällt, muß noch tiefer fallen; was hoch geht, wird noch höher gehen.« Folglich heißt für sie »stop loss«: Papiere nur dann zu verkaufen, wenn sie im freien Fall auf einen bestimmten Kurs sinken, aber nicht darüber. Beispiel: Eine Aktie steht bei 100, der in den Computer getippte »stop-loss«-Verkaufsauftrag heißt »bei 90 veräußern«. Man kann sich lebhaft vorstellen, was am Markt passiert, wenn 10 000 Spieler »stop-loss«-Verkaufsaufträge bei 90 in ihre Computer getippt haben – und das Papier tatsächlich fällt. Die Verkäufe drücken den Kurs weiter in Richtung 85. Es kommen neue »stop-loss«-Verkaufsaufträge bei 85 – das drückt den Kurs in Richtung 80. Neue »stop-loss«-Aufträge befehlen, bei 80 zu verkaufen und so weiter. – So kommt es zum Sturz und zur Panik.

Die Rolle des Computers bei diesem »program-trading« ist nur, »stop-loss«-Verkaufsaufträge zu registrieren und durchzuführen. Fallen die Kurse oder Indizes um soundso viel Prozent, verkauft der Computer automatisch Papiere oder Indexkontrakte – genauso, wie die Geldmanager es ihm befahlen. Je mehr die Kurse fallen, desto mehr wird verkauft. Umgekehrt ist es genauso: Der Rechner muß soundso viele Aktien kaufen, aber erst wenn sie eine bestimmte Höhe erreichen, aber nicht darunter.

Ich gebe zu, daß all das »program-trading« unter Umständen ausnahmsweise eine Hilfe sein kann. Aber die Gelddisponenten von heute bedienen sich ja des Computers regelmäßig und automatisch. Sie und nicht die EDV-Maschinen sind also verantwortlich für Panikverkäufe oder für das Verschleudern von Papieren.

Die »stop-loss«-Verkäufe lösten eindeutig die Panik in den Oktobermonaten von 1987 und auch 1989 aus. Vielleicht waren die Trader auch abergläubisch und wollten beim letzten Mal, am Freitag, dem 13. Oktober 1989, ihre Papiere alle zur gleichen Zeit noch in der letzten Stunde des Börsentages loswerden. Am nächsten Börsentag gaben dann dieselben Trader »stop-buy«-Aufträge, falls der Markt wieder steigen sollte.

Wenn man diese Aufträge schon einige Tage vorher schriftlich oder mündlich gegeben hätte, wären die Folgen dieselben gewesen. »Program-trading« ist also nichts Neues oder Revolutionäres gegenüber den Spielmethoden von Anno dazumal. Das Ganze beruht auf dem Prinzip vieler Börsenspieler: »Gewinne laufen lassen. Verluste begrenzen!«

Die Regel hat einiges für sich, ist aber reine Geschmackssache. Früher glaubte ich auch einmal daran, aber damals war ich noch ein Spieler. Seither mußte ich viel lernen und reichlich Schulgeld bezahlen. Heute bin ich langfristiger Spekulant und Anleger und neige aufgrund meiner 70jährigen Erfahrung zu der Meinung, daß man das große Geld nur mit antizyklischem Verhalten und nur auf lange Sicht machen kann. Deshalb: Der Program-Trader kann mal gewinnen, mal verlieren, aber pleite gehen muß er.

Auch auf Nachrichten handeln die Geldmanager mit

Hilfe ihrer Computer automatisch. Der Händler einer großen Maklerfirma erzählte mir, daß er vor der Veröffentlichung des amerikanischen Handelsbilanzdefizits immer den Auftrag bekomme, sofort Tausende Aktien zu verkaufen, falls das Defizit etwas größer ausfalle als im vergangenen Monat.

Computerberechnung existiert auf dem Anleihemarkt übrigens schon seit Jahrzehnten. Die Versicherungsanstalten, die für Milliarden festverzinsliche Papiere im Besitz haben, versuchen laufend, mit dem Computer herauszufinden, welche Anleihe zum Beispiel ein Sechzehntelprozent mehr Rendite bringt als eine andere, mit dem Ziel natürlich, sie gegen letztere einzutauschen, um so das Bestmögliche herauszuschlagen.

Die Indexkontrakte, die in Chicago gehandelt werden, werden nach gewissen Computersignalen für Milliardenbeträge verkauft. Keiner denkt dabei eine Sekunde nach, denn alles ist automatisch im Computer festgelegt. Alles geschieht zudem hysterisch und nicht nach einer schlaflosen Nacht, in der man grübeln und nachdenken kann, was zu tun ist.

Die an einem Tage gehandelten Kontrakte entsprachen einem Aktienvolumen von zirka 27 Milliarden Dollar, während man an der Börse nur für zirka zehn Milliarden Aktien handelt. Perverserweise macht nicht Wall Street die Indexe, sondern Chicago macht die Kurse! Die Schwankungen im Laufe eines Tages werden immer größer und hysterischer, aber à la longue bleiben für die weitere Entwicklung immer die gleichen Einflußfaktoren und Prämissen gültig – genau dieselben wie an der ersten organisierten Aktienbörse (Amsterdam) im 17. Jahrhundert.

Mein Vorschlag zur Reform der Index-Future-Geschäfte nun lautet folgendermaßen: Man sollte den Terminhandel für Indexkontrakte nicht abschaffen, sondern den weiterlaufenden Handel während der Börsenzeit in New York verbieten. Der Handel sollte nur nach Börsenschluß stattfinden, und nur zu einem fixen Kurs pro Tag, bei dem alle Angebote und Nachfragen durchgeführt würden, genau wie beim Goldmarkt in London, wo man täglich nur zweimal alle Aufträge zu einem sogenannten Fixing-Preis kompensiert.

Das wäre nichts Neues. Schon vor dem Zweiten Weltkrieg wetteten wir im Kaffeehaus auf den Dow-Jones-Schlußkurs des Abends. Das fortlaufende Handeln, das heißt das fortlaufende Wetten, führt zur Hysterie und die wird dann zur Wall Street weitergeleitet. Ob man mit diesem Plan die menschliche Dummheit abschaffen kann, weiß ich nicht, aber die Hysterie würde mit Sicherheit gebremst werden.

Gewiß entgehen so den Maklern viele Millionen an Provisionen, aber dies würde dem allgemeinen Interesse bestimmt dienen. Man trifft ja auch strenge Maßnahmen gegen das Nikotin, obwohl es die Tabakindustrie Milliarden kostet.

Ich werde meinen Vorschlag einmal bei einem Congressional Hearing vorlegen, glaube aber nicht, daß er ernst genommen werden wird. Die Makler, diese bösen Geister, haben eine zu mächtige Lobby gegen alles, wodurch ihnen Provisionen entgehen könnten.

Die Computerprogramm-Händler jedenfalls sind geistige, auf schnellen Kauf und Verkauf getrimmte Holzhacker. Der Spekulant jedoch muß ein Denker sein, fern von verrückten Massen und Computern. Mister Watson junior, der Gründer von IBM, hat sicherlich ein schlechtes Gewissen oder sogar Angst gehabt, das freie Denken der Menschen könne durch den Computer gebremst oder entartet werden.

Weswegen hätte er sonst befohlen, auf den Schreibtischen aller seiner Mitarbeiter ein kleines Kupferschild anzubringen mit einem einzigen Wort: »Think!«?

Auf der letzten CEBIT-Messe in Hannover kam ich bei einem Rundgang auch zum IBM-Stand. Der Direktor erkannte mich und fragte: »Herr Kostolany, was kann ich Ihnen zeigen, was interessiert Sie besonders?« Ich erwiderte: »Ein Computer, der den Börsenkurs des folgenden Tages ausspuckt. Für alles übrige besitze ich bereits einen Personalcomputer.« Natürlich wollte er wissen, welches Modell ich mir zugelegt hätte. »Meinen eigenen Kopf«, war meine Antwort, »und ich werde Ihnen sagen, wie so ein PC funktioniert.« Dann erzählte ich ihm den folgenden Witz, den ich von Fritz Muliar gehört habe:

Es war in einem kleinen Städtchen in Galizien, irgendwann im letzten Jahrhundert. Der Nachtwächter bezieht seinen Posten auf dem Marktplatz, setzt sich in das Wachhäuschen, stellt seine Hellebarde und seine Laterne neben sich und nickt schließlich ein. Plötzlich weckt ihn ein heller Lichtschein auf. Was ist das? fragt er sich – noch mit geschlossenen Augen – und beginnt zu überlegen. Vielleicht eine Straßenlaterne? Aber wo gab es im 19. Jahrhundert schon Straßenlaternen in Galizien? Dann der Mond? Er rechnet nach, Neumond war gerade erst, nein, der Mond kann es auch nicht sein. Er streckt seine Hand aus dem Wachhäuschen heraus, zieht sie zurück. Es regnet. Das Licht der Sterne kann ihn also auch nicht geweckt haben. Daraufhin schaltet sein »persönlicher Computer« auf Schnellgang, er geht die einzelnen Gedankenoperationen noch einmal rasch durch: Es ist keine Straßenlaterne, es handelt sich nicht um den Mond, es sind nicht die Sterne: »Feuer!« bricht es aus ihm heraus.

Mit dieser Geschichte hatte ich bei den Herren von IBM solchen Erfolg, daß sie mich seitdem häufig zu Vorträgen einladen. Und jedesmal muß ich den Muliar-Witz erzählen.

Fünfte Vorlesung:

Über Propheten, Professoren und andere Gurus

Die Panik des Publikums nach dem Crash vom 19. Oktober 1987 resultierte zweifellos aus dem Vergleich mit 1929, den die Gurus ununterbrochen, ohne zu überlegen, anstellten.

Memento 1929: Arbeitslosigkeit, geschlossene Fabriken, Suppenküchen, Bankiers, die auf der Straße Äpfel verkauften oder Schuhe putzten. Sind solche Vorstellungen möglich bei eher niedriger Arbeitslosigkeit, höchster Beschäftigung, wenn die Wirtschaft auf vollen Touren läuft?

1929 war alles zu kaufen, aber niemand hatte zehn Groschen in der Tasche. Heute reißen sich die größten Finanzgesellschaften um die verschiedensten Unternehmen. Sie überbieten einander mit Milliardenangeboten. Besser noch: Diese Milliarden werden dadurch mobil gemacht und in den Finanzmarkt hineingepumpt. Es ist mehr Geld da als verfügbare Unternehmen. Denn auch in der Wirtschaft gibt es nicht das kleinste Anzeichen für eine Krise oder Rezession.

Ein weiterer Unterschied ist, daß die Weltwirtschaft nicht mehr auf dem Goldstandard aufbaut. Die Notenbank kann daher die Geldmenge erhöhen, wenn die Wirtschaft es verlangt. Als am 20. Oktober Mr. Greenspan erklärte, daß die Federal Reserve dem Markt mit jedem Betrag zur Verfügung stehe, war für mich die Gefahr beseitigt.

Zudem: Gegen jede Erwartung stieg Gold nicht; die Staatspapiere dagegen rauschten in die Höhe. Ein Beweis, daß das Vertrauen in den Staat und das System intakt blieb. Das Mißtrauen wirkte sich nur auf die Aktien aus – fallen sie, schwindet das Vertrauen zu ihnen. Wer handelt schon antizyklisch? Immer nur eine Minderheit! Und wer nach dem 87er Crash eingestiegen ist, hat heute Superprofite in den Büchern stehen.

Jeder Vergleich mit 1929 sei ein Verbrechen, schrieb ich, und das müsse auch das Publikum langsam spüren und feststellen. Dann könne auch eine kleine Zinssteigerung nicht viel Schaden anrichten, denn es sei doch das wichtigste, daß der Alpdruck von 1929 endlich verschwinde.

In den Medien der ganzen Welt wurde wiederholt festgestellt, daß die Berufsvolkswirte samt Professoren mit ihren Prognosen völlig auf die Nase gefallen sind. Anfang November 1987 – also kurz nach dem Crash – trafen sich 33 Professoren aus aller Welt in Washington zu einem Symposium und prophezeiten die düstersten, dramatischsten Dinge für die Weltwirtschaft. Prompt schrieb ich: »33 Professoren, oh schöne Welt, du bist verloren!«

Auf meinen Optimismus antwortete mir ein Journalist im *Effecten-Spiegel:* »Ich bleibe bei meiner negativen Einschätzung. Im übrigen verstehe ich nicht, daß ein angeblicher Börsenprofi wie André Kostolany positive Prognosen in die Welt setzt.« Sein Artikel amüsierte mich sehr, besonders die Wendung vom »angeblichen Börsenprofi«. Hätte er vom »angeblichen Börsenguru« oder »Börsenpapst« gesprochen – Schwamm drüber. Ist »Börsenprofi« jedoch eine solch würdige gesellschaftliche Position, daß man damit angeben könnte? Ich würde viel lieber damit protzen, Komponist oder Poet zu sein. Oscar Wilde sagte einmal: »Ein guter Anzug und ein maßgeschneidertes Hemd können sogar aus einem Börsianer einen Gentleman machen.«

Immerhin erreichte mich damals auch eine positive Reaktion aus der Presse. Ende 1987 hielt ich vor 2000 Zuhörern einen Vortrag in München im Deutschen Museum. Mein Koreferent war Herr Genscher. Er sprach über Außenpolitik und ich über die zukünftige Entwicklung der Wirtschaft und der Börse. Die *Süddeutsche Zeitung* berichtete ausführlich und schrieb, wie angenehm es gewesen sei, endlich einen Optimisten zu hören, mitten in den Zeiten des tiefsten Pessimismus.

Falsche Semantik: Müll-Anleihen in Venture-Country

Der Journalist vom *Effecten-Spiegel* beherrschte offenbar die Regeln der Semantik nicht. Diese Unfähigkeit – oder der Unwille –, Dinge beim richtigen Namen zu nennen, beobachte ich häufig.

Welcher Aberwitz sich hinter dem Begriff »Portfolio Insurance« verbirgt, habe ich bereits beschrieben: Man versichert sein Haus, indem man es verkauft. Ein anderes Beispiel ist das Wort »Bankkaufmann«. Den Begriff »Geldkaufmann« könnte ich akzeptieren, aber die Zusammensetzung von Bank und Kaufmann versucht Unvereinbares zusammenzubringen: Der Bankier handelt mit Geld, der Kaufmann mit konkreten Waren. Ihre Interessen sind nicht dieselben; der Bankier kassiert Zinsen, je höher, um so besser, der Kaufmann muß Zinsen zahlen, je niedriger, desto besser; der erste sucht die Sicherheit einer Anlage und der zweite die Phantasie. Entweder man ist das eine oder das andere; beide stehen sich »antagonistisch« gegenüber.

Oder der Begriff »Junkbonds«, der seit einigen Jahren im Wall-Street-Jargon zirkuliert. Das heißt übersetzt etwa soviel wie Müll- oder Abfall-Anleihen. Der Begriff charakterisiert diese Papiere äußerst bösartig.

Junkbonds waren ursprünglich während des Zweiten Weltkriegs und unmittelbar danach deutsche, italienische, japanische Anleihen, jahrzehntelang auch zaristisch-russische, chinesische und viele ähnliche Papiere, bei denen auf eine Zinszahlung zu warten so gut wie hoffnungslos schien. Ich bin allerdings das Risiko oft eingegangen und habe gerade mit diesen »authentischen Junkbonds« großes Geld gemacht, so nach dem Zweiten Weltkrieg mit deutschen und italienischen Papieren. Vor zwei Jahren hatte ich die Idee, alte russische Anleihen zu einem Prozent zu kaufen. Vielleicht läßt sich der damalige Erfolg wiederholen – dank Gorbatschow.

Die heutigen industriellen Junkbonds werden in Amerika von Gesellschaften emittiert, die mit diesem Fremdkapital andere Unternehmen aufkaufen wollen, die nach ihren Vorstellungen an der Börse stark unterbewertet sind.

Diese neuen Bonds sind natürlich alles andere als eine mündelsichere Anlage. Aber wären sie es, würden sie schließlich auch nicht 16 bis 18 Prozent Rendite abwerfen. Der Käufer nimmt ein Risiko auf sich, wird dafür jedoch kräftig belohnt, da er eine acht bis zehn Prozent höhere Verzinsung als etwa bei erstklassigen Regierungs-Anleihen einstreichen kann.

Er nimmt also in gewissem Umfang die Chancen der Transaktion wahr, trägt andererseits auch die Risiken mit. Das heißt, er nimmt am Schicksal des übernommenen Unternehmens teil. Sein Risiko ist, daß der Cashflow (Mittelzufluß) der übernommenen Firma nicht reicht, die Zinsen zu bezahlen – was im Extrem die Pleite für den Emittenten bedeutet. Es sei denn, die Gläubiger akzeptieren ein Moratorium oder eine Zinssenkung.

Eine andere Möglichkeit der Junkbonds emittierenden Gesellschaften, wenn sie in Schwierigkeiten geraten: Sie können die Anleihen in Aktien umtauschen. Bis heute sind übrigens nur einzelne Junkbonds geplatzt.

Im Kapitalismus gibt es keine Gewinne ohne Risiko. Erfindung und Einführung der Dampfmaschine, des Automobils oder der elektronischen Rechenmaschinen von heute wären ohne Abenteurer nie möglich gewesen, die ihr Geld aufs Spiel setzten und ihrer Phantasie freien Lauf ließen. Nicht anders verhält es sich mit Wolkenkratzern in Amerika, dem Suezkanal in Ägypten oder anderen Weltwundern. Genaugenommen ist die ganze Welt ein Abenteuer oder, modernistisch gesprochen, ein »Venture«.

Die verschiedenen Zweige der Familie Société Anonyme, Limited, Aktiengesellschaft, Corporation haben einen gemeinsamen Vorfahren: das Abenteuer.

In Rom predigte Cato, der viel über die Fragen des Geldes und des Zinses philosophierte, daß für den Betrieb von Handels- und Schiffahrtsunternehmungen Gruppen, d. h. Gesellschaften gegründet werden sollten.

»Man soll ein Schiffahrtsunternehmen nicht allein beginnen. Um ein Schiff auf See zu schicken, tut euch zusammen mit neunundvierzig eurer Freunde und macht alle fünfzig zusammen den Versuch.«

Der Ausdruck »Abenteuer« hat für manche Ohren einen etwas unseriösen oder romantischen Beiklang, aber im 17. Jahrhundert hatte er eine sehr genaue rechtliche Bedeutung: Das »Abenteuer« war ein kaufmännisches Unternehmen, öfter noch ein Kolonialunternehmen, das gegründet worden war, um ein gewagtes Geschäft oder eine Expedition auszuführen. Die Gründer der Gesellschaft, die Aktionäre, trugen offiziell den Namen »Abenteurer«. Diese Bezeichnung findet sich noch heute in den Urkunden der ältesten Aktiengesellschaft, der 1670 gegründeten anglo-kanadischen Gesellschaft Hudson Bay. Traditionsgemäß begann der Präsident die Eröffnungsrede bei der jährlichen Generalversammlung mit der Anrede »Meine Herren Abenteurer«, was unter der Mahagonidecke des großen Sitzungssaals ungewöhnlich gravitätisch klingt.

Heute, 300 Jahre nach der Ausgabe der ersten Aktien der Hudson Bay Company, ist das Wort »Venture« wieder sehr populär geworden. Zuerst an der Wall Street, seit einigen Jahren aber auch bei uns. Das ist auch der verstärkten Werbung um Risikokapital und für die Einführung neuer Unternehmen an der Börse zu verdanken, wie sie vor allem die Deutsche Bank betrieben hat.

Jetzt, wo der Vertrieb von Ventures in Deutschland angelaufen ist, kommen mir allerdings einige Zweifel. Sie brauchen nur die Anzeigenseiten der einschlägigen

Tagespresse durchzusehen, um auf reißerische Versprechungen zu stoßen. In den letzten 25 Jahren nämlich waren in der Anlagebranche zu viele Haie tätig, die das Sparkapital von Millionen geplündert haben. Was liegt näher, als daß dieselbe Armada von Vermittlern jetzt ihr Unwesen mit dem Modewort »Venture« treibt – die gleichen Leute, die schon mit IOS-Fonds, Beteiligungen an Ölbohrungen, Abschreibungsgesellschaften und ähnlichen »Anlagen« bleibende Erinnerungen hinterlassen haben.

Wir alle werden wohl mit dieser Gefahr leben müssen. Denn ohne Risiken gibt es keinen Fortschritt. Ohnehin ist Geldanlage stets ein Abenteuer, sie war es immer und wird es immer sein. Was mich und andere seriöse Kollegen natürlich nicht daran hindert, scharf die Spreu vom Weizen zu trennen. »Ja« zum Abenteuer, »Nein« zu Abenteurern, die nur in die eigene Tasche wirtschaften.

Ich wiederhole: Es ist geschmacklos, das Wort »Junkbonds« zu benutzen. »Junk« ist Alteisen oder sind Lumpen; diese Anleihen jedoch sind legitime, normale Kapitalanlagen mit kalkuliertem Risiko.

Zudem sind sie nicht mehr »Junk« als Hunderte von Venture-Kapital-Anteile, die heute so populär sind. Sogar der Telefonkonzern AT&T hat beschlossen, in seinen Pensionsfonds etwas weniger Blue Chips, aber mehr Venture-Kapital zu packen. Wahrscheinlich aus dem Grund, weil diese Venture-Anteile nicht an der Börse gehandelt werden, und man daher nicht so recht sehen kann, wieviel sie gerade an Wert verloren haben.

Das Risiko ist klar: Im Falle einer Wirtschaftskrise oder gar einer Depression würden Junkbonds in

Schwierigkeiten geraten. Dann nämlich könnten die Käufer der übernommenen Firmen deren Aktiva nicht zu vernünftigen Preisen veräußern, was beim Aufkauf meist fest eingeplant ist. Man hofft dabei, mit dem Gegenwert einiger abgestoßener Aktiva die Gläubiger sozusagen aus der Westentasche bezahlen zu können.

Die meisten Übernahmetransaktionen sind eigentlich eine Spekulation auf die weitere günstige Entwicklung der Wirtschaft. Dann nämlich können die übernommenen Gesellschaften im Wert mächtig steigen, während die Verschuldung konstant bleibt.

Man darf auch nicht vergessen, daß bei der für Junkbonds typischen hohen Verzinsung die Anleihenbesitzer mit jedem vergangenen Tag in einer stärkeren Position sind. Denn nach etwa vier Jahren ist durch Zins und Zinseszins der Kaufpreis weitgehend abgedeckt.

Wie hysterisch sich die Finanzmärkte gelegentlich benehmen, kann man daraus ersehen, daß wegen der riesigen Übernahmen der ganze Markt von Industrieanleihen einen großen Schock erlitten hat. Die Angst der Anleger dabei ist, daß andere große Gesellschaften aufgekauft und dadurch die Kreditwürdigkeit der Alt-Anleihen abgewertet werden könnte.

Kurz und gut: Die Übernahmen auf Kredit sind auf die Annahme gegründet, daß die Federal Reserve Bank eine Depression in Amerika einfach nicht zulassen wird, und daß sie mit den ihr zur Verfügung stehenden Mitteln die Wirtschaft fest im Griff hat.

Leser, glaubt dem Guru nicht, ganz egal, was er verspricht!

Es gibt nicht wenige Panikmacher, die seit zehn Jahren den Weltuntergang prophezeien. Auch mein guter Freund, der Frankfurter Exbankier Philipp Freiherr von Bethmann, veröffentlichte immer wieder ganzseitige Annoncen in der *Frankfurter Allgemeinen,* in denen er vor dem kommenden wirtschaftlichen Zusammenbruch der Welt warnte. Immerhin ließ er sich die Veröffentlichungen einen schönen Betrag kosten, im Gegensatz zu vielen anderen, die mit der Angst gute Geschäfte machen.

Vor ungefähr fünf Jahren nahm ich an einem Seminar teil, bei dem alle Endzeitprediger versammelt waren. Einer nach dem anderen malte die Situation in noch düsteren Farben; man überlegte, wie man sich und sein Vermögen am besten in Sicherheit bringen könne, nach Amerika – bis es mir zuviel wurde. Ich stand auf und verabschiedete mich von meiner Nachbarin. »Sie wollen uns schon verlassen?« fragte sie erstaunt. »Verlassen?« antwortete ich. »Nein, ich gehe.« Leider hatte ein Journalist beobachtet, wie sehr mich diese Veranstaltung abstieß und schrieb darüber in der *Zeit.*

Die Panikmacher bilden sich ein und wollen auch die anderen davon überzeugen, daß der allgemeine Zusammenbruch schon da ist. Nur wüßten wir es noch nicht. Genauso wie Dr. Knock es seinerzeit sagte, der Scharlatan-Arzt des gleichnamigen Stücks von Jules Romains, das vor dem Krieg auch in Deutschland mit großem Erfolg gespielt wurde: »Jeder, der sich wohl fühlt, ist eigentlich ein Kranker, nur weiß er es nicht.«

»Leser, glaubt dem Guru nicht, ganz egal, was er verspricht!« Auch wenn er Professor ist. Letzten Sommer nahm ich wieder einmal, wie jedes Jahr, am Alpbach-Forum teil. Alpbach ist für mich immer »a Hetz«, kein Wunder, denn ich als k. u. k.-Produkt bin natürlich entzückt von diesem gigantischen Kaffeehaus mit herrlicher Kulisse und würziger Luft. Darin liegt auch der Erfolg Alpbachs – mehr als in dem, was man dort lernen kann, obwohl es, läge es in Frankreich, dort bestimmt »Au rendez-vous des professeurs« heißen würde.

Und eben mit den Professoren habe ich so meine Schwierigkeiten. Letzten Sommer saß ich abends mit drei Wirtschaftswissenschaftlern noch auf ein Glas in der Bar zusammen. Zwei von ihnen arbeiteten auf dem Spezialgebiet Devisenwirtschaft. Ich war perplex, welch engen Horizont sie im Gespräch offenbarten. Die wirklich wichtigen Vorgänge hinter den Kulissen des internationalen Devisenhandels waren ihnen komplett verborgen geblieben. *Ich* habe ihnen dann so einiges verraten, und sie haben auch aufmerksam zugehört. Einem von ihnen, er lehrt an der Universität Innsbruck, habe ich dann mein Buch ». . . und was macht der Dollar?« geschickt, im Tausch gegen eine wissenschaftliche Studie aus seiner Feder.

Ich habe nichts gegen Professoren, ich bin ihnen sogar dankbar, daß sie mir das Alphabet, das Einmaleins und fremde Sprachen beibrachten – aber für Prognosen in der Wirtschaft oder an der Börse taugen sie nicht. Da höre ich mir lieber Astrologen oder Wahrsager an. Vor allem beherzige ich die Worte des Michel de Montaigne, des vielleicht klügsten Mannes der französischen Literatur. Der sagte: »Ich ziehe anstelle eines verschrobenen Palavers ex cathedra vor, daß mein Sohn in einer Kneipe sprechen lernt.«

Einer von den »Gurus«, die das Blaue vom Himmel herunterflunkern, war eine Zeitlang ein gewisser Robert Prechter. Mit Mitte Dreißig wurde er als der berühmteste Börsenguru der Welt gehandelt. Im August 1987 prophezeite er für das Jahr 1988 einen Dow Jones von genau 3686 Punkten, wie ein Meteorologe, der im Januar für den 15. August eine exakte Temperatur von 25,4 Grad Celsius prognostizieren würde. Unmittelbar nach dem Crash setzte Prechter plötzlich einen Dow Jones von nur noch 1300 Punkten, einige Wochen danach sogar nur noch von 400 Punkten an. Die Börse kann um 1000 Punkte fallen oder steigen, aber solche Prophezeiungen sind purer Schwachsinn. In chaotischen Zeiten wie heute wachsen die Gurus aus dem Boden wie Pilze nach einem Wolkenbruch.

Und dann gibt es da noch Mr. Robert Farrell, Analyst von Merrill Lynch und populärster Hellseher der Wall Street. In einem technischen Börsenkommentar gab er mal dies zum besten: »Es kann sein, daß die Börse im Begriff ist, einen zyklischen Gipfel zu bilden, um dann auf eine Talfahrt zu gehen. Es kann aber auch sein, daß sich die Aufwärtsbewegung fortsetzt und auf ein unerwartet hohes Niveau führt.« Das ist ein niedriges Niveau wie das »Wenn der Hahn kräht auf dem Mist, ändert sich 's Wetter oder 's bleibt, wie es ist.«

Das erinnert mich an die Worte von John Pierpont Morgan. Als ein Journalist ihn während des Wall-Street-Krachs 1907 fragte, wie er die weitere Entwicklung einschätze, antwortete er lakonisch, aber vielsagend: »Die Börse wird fluktuieren.« Dies sagte er aber aus Spaß. Ich hätte noch die Worte aus dem Pariser Stadtwappen hinzugefügt: »Fluctuat nec mergitur.« (Es schwankt, aber es geht nicht unter.)

Die Liste all dieser Besessenen ist lang und wäre eines neuen Buches würdig.

Fazit: Man muß die größte Vorsicht walten lassen und all diesen Wahrsagereien und Prophezeiungen widerstehen. Aber leider vergißt das Publikum schnell, und je größer die Verheißung, um so eher fällt es darauf herein. Die meisten denken, etwas müsse doch daran sein. Sie wollen Propheten und machen jemand, der ein- oder zweimal mit seinen Prognosen richtig lag, erst zum Börsenguru.

Auch die Prognosen oder Börsentips von Insidern, sei es aus Politik, Wirtschaft oder Wissenschaft, sind oft nicht zutreffender als die von selbsternannten Experten. In den dreißiger Jahren war ich öfters in London, wo einer meiner besten Jugendfreunde von einem anderen Ungarn, der dann Lord Balogh hieß und Finanzberater der Labour Party war, Tips für die Londoner Börse erhielt. Lord Balogh war als Analyst bei der Firma Falk & Co. angestellt. Stiller Partner dieser Firma war kein Geringerer als John Maynard Lord Keynes, der größte Nationalökonom unserer Zeit. Paradoxerweise war aber kein einziger Börsentip, den ich von dieser Firma über meinen Freund erhielt, richtig.

Lord Keynes hat sich aber durch erfolgreiche Spekulationen ein Vermögen erworben. Er spekulierte nach dem Ersten Weltkrieg in indischen Rupien, in französischen Franken, in Mark, in Lira, und zwar hauptsächlich auf Baisse. Seine Währungsspekulationen waren immer erfolgreich – seine Börsentransaktionen wahrscheinlich weniger – bis auf eine Ausnahme: Nach dem Krach von 1929 stieg er in Wall Street groß ein und hielt durch, bis die stürmische Hausse kam.

Kürzlich tauchte ein neuer Guru auf, diesmal aus der

amerikanischen Wirtschaftspolitik: Martin Feldstein. Er gehörte zum Beraterteam von Präsident Ronald Reagan, bis der ihn entließ. Heute hat sich der Ruf verbreitet, daß er einer der Berater George Bushs sei. Ich glaube es nicht, und ich sah bis heute auch nicht die kleinsten Anzeichen dafür.

Warum auch? Vor zirka fünf Jahren hatte ich ein Gespräch mit Feldstein, über ein Thema, das er aufgrund seines Rufes beherrschen müßte. Ich stellte ihm die Frage, wie hoch er die Ölimporte in den Vereinigten Staaten einschätze. Er zuckte und antwortete mit Verlegenheit, er könne sich wirklich nicht erinnern!

Wie das? Der große Fachmann für Außenhandelsprobleme weiß nicht, wieviel die Ölimporte ausmachen, die doch ein Viertel der Gesamtimporte darstellen?

Dieser Mann (er ist ja auch Professor) soll darüber dozieren, wie das doppelte amerikanische Defizit, das im Außenhandel und das im Staatshaushalt, zu sanieren ist? Mit seinen heftigen Angriffen gegen den Dollar, der seiner Ansicht nach auf gerade noch 13 Groschen fallen müßte, um das Handelsdefizit auszugleichen, wirkt er eher als ein Vertreter der US-Exportlobby. Denn diese wird verständlicherweise nicht müde, für noch weiter sinkende Dollarkurse zu plädieren.

Es würde den Rahmen des Buches sprengen, alle Argumente Feldsteins zu widerlegen. Ich möchte aus diesem Grund nur einige Worte dazu bemerken.

Die japanischen Autos (ein Drittel der totalen Importe) sind zu teuer, und so bauen die tüchtigen Japaner ihre Autos in den Vereinigten Staaten. Schon heute stammt deshalb in der amerikanischen Autoproduktion jeder fünfte Wagen von Japanern, und bald wird es jeder dritte sein. Diese Automobile werden dann ins Ausland, auf Dauer sogar in die japanische Heimat, exportiert, und diese Exporte könnten zugunsten der US-Handelsbilanz durchaus 30 Milliarden ausmachen.

Und noch etwas: Die japanische Autoindustrie hat seit zwei Jahren Milliarden Dollar vorverkauft, um sich einen zwar nicht günstigen, aber doch akzeptablen Dollarkurs zu sichern, für Autos, die noch nicht einmal bestellt, geschweige denn gebaut sind. Was wird mit diesen vorverkauften Dollar geschehen? Das möchte ich Herrn Feldstein fragen.

Ich gründe eine Optimistenschule

Die Crash-Gurus rechneten mit fallenden Kursen – aus wirtschaftlichen Gründen.

Daß Wall Street auf die Nachricht über den irakischen Gewaltakt gegen Kuwait kräftige Rückschläge erlitt, wundert nicht. Wie könnten Spekulanten, Spieler oder Händler anders als mit Angst und Entsetzen auf den Blitzkrieg im Nahen Osten reagieren?

Geradezu hysterische Reaktionen löste indes nicht Saddam Hussein, sondern die neueste US-Arbeitslosenstatistik aus. Denn als die Meldung über die von 5,2 auf 5,5 Prozent gestiegene Arbeitslosenquote über die Wall-Street-Ticker flimmerte, bekamen Uncle Sams Börsianer erst wirklich richtig das ganz große Nervenflattern. Noch ein paar Monate vorher hatten sie die Aktienkurse aus einem anderen Grund fallen lassen: Damals war die Arbeitslosenquote zurückgegangen. Sie sehen also, amerikanische Stocks können auch dann ins Schleudern kommen, wenn die Wirtschaft Optimismus verbreitet.

Schlimm: Die Profis auf dem US-Börsen-Parkett sind mittlerweile zu Sklaven der Statistik abgesunken. Einen Tag verfallen sie in tiefsten Pessimismus, weil zum Beispiel ein guter Konjunkturverlauf die Notenbank davon abhält, die amerikanischen Zinsen zu senken. Den nächsten Tag wiederum sorgen sie sich darüber, daß die Wirtschaft angeblich nicht laufen will. Prompt purzeln die Wertpapierkurse an der Wall Street ebenfalls in den Keller. Was wäre, wenn die Zinsen fielen und zur gleichen Zeit nur gute Nachrichten aus den Unternehmen kämen?

Die jüngste Monatsmeldung über zunehmende Arbeitslosigkeit in Amerika versetzte die Wall-Street-Börsianer deshalb in Panik, weil sie nunmehr einen heftigen Rückschlag in der Konjunktur voraussehen. Tatsache dagegen bleibt: Schon vor einem Jahr kündigte Fed-Chef Alan Greenspan in aller Öffentlichkeit seine Absicht an, das Wachstum der amerikanischen Wirtschaft auf zwei bis 2,5 Prozent herunterzufahren, um auf diese Weise die Konjunktur abzukühlen. Gerade das ist ihm jetzt gelungen. Und wieder geben sich die Spekulanten nicht zufrieden.

Greenspan versprach etwas und hielt es. Die 1990er Wachstumsrate wird auf zwei bis 2,4 Prozent geschätzt. Aber die Börse, diese böse Börse, will einfach nicht laufen. Wall Street schielt immer nur darauf, was morgen sein wird. Die Börsianer spielen Rot oder Schwarz, wie beim Roulette und schaffen mit ihren Käufen oder Verkäufen genau die Kurse, die sie für den nächsten Tag erwarten.

Die meisten Profis wissen offensichtlich auch schon morgens, ob sie kaufen oder verkaufen wollen. Kann man aber frühmorgens programmieren, ob man abends mehr oder weniger essen will? Hängt die Entscheidung nicht vom Appetit oder davon ab, was die Speisekarte bietet?

Wirkliche Profis schenken den kurzen Zickzacks, arabischen Despoten und der Arbeitslosenstatistik keine Beachtung. Die ausgefuchsten Anleger lassen sich auch nicht von den Kurvendeutern beeindrucken, die nach dem vergeblichen Sturm des Dow-Jones-Index auf die Marke von 3000 Punkten nunmehr anscheinend resignieren.

Der Dow Jones hat zweimal die Marke von 2999,75 Punkten erreicht. Das war ein Memento für die Chart-Analysten: Wenn der Index die Schallmauer nicht überschreiten kann, dann muß er eben wieder fallen. Dabei handelt es sich bei dem berühmten Börsenbarometer aus den Vereinigten Staaten eigentlich nur um eine nichtssagende, synthetische Zahl. Die Schwelle von 3000 Punkten hat für die Börse deshalb ebensowenig Bedeutung wie die von beispielsweise 1000 oder 2000.

Viel wichtiger ist: Seit 1925 haben sich viele kleine Aktien mittlerer Qualität im Kurs so mal eben verhundertfacht, Blue Chips kletterten immerhin noch um das 25fache.

In aller Bescheidenheit möchte ich sagen: Alle Gurus, die seit acht Jahren den wirtschaftlichen Zusammenbruch prophezeien, sind bisher auf die Nase gefallen und warten deshalb ungeduldig auf den Tag, an dem sie stolz melden können: »Na, habe ich es nicht gesagt!« Meine Antwort lautet: »Nein!« Denn trotz der Irakkrise werden sie nicht recht bekommen. Die Börse ist eine ganz andere Sache. Im Gegenteil: Es könnte sogar wieder so geschehen wie beim Kriegsausbruch 1939, als die Kurse plötzlich in die Höhe schnellten (dieses Phänomen des »Fait accompli« habe ich oben bereits beschrieben).

Die meisten US-Portfolio-Manager verfehlten die Aufwärtsbewegung des Dow-Jones-Index von 1900 bis fast 3000 Punkten. Seither liefen sie hinter den Kursen her, und die liefen vor ihnen weg. Nun möchten die Wall-Street-Spekulanten bei tieferen Kursen wieder einsteigen.

Viele Broker wünschten sich auch tiefere Kurse, weil sie ihren Kunden aus Angst vom Kauf abgeraten haben und später Vorwürfe bekamen. Außerdem sind die Broker in einer pessimistischen Stimmung und laufen mit langen Gesichtern herum, weil sie mit den heutigen Umsätzen ihre Spesen nicht verdienen. Rund 150 Millionen Aktien pro Tag sind der Mindestumsatz, bei dem sie aus den roten Zahlen herauskommen – und ebendiesen Mindestumsatz erreichen sie häufig nicht.

Dann redeten diese Spieler, die nach dem Crash vom Oktober 1987 eine Deflation mit Depression à la 1929 voraussagten, die Inflation herbei: Die heißgelaufene Wirtschaft, so argumentierten sie, müsse eine Inflationspsychose herbeiführen. Inflation wiederum würde die US-Notenbank zu höheren Zinsen zwingen, und höhere Zinsen würden die Kurse an der Börse in die Tiefe reißen.

Prompt interpretierten die Auguren täglich jedes kleinste Ereignis als Vorzeichen einer bevorstehenden Inflation. Arbeitslosigkeit auf dem tiefsten Stand: schlecht! Viele neue Arbeitsplätze: schlecht! Steigende Exporte: auch schlecht, weil sie eine heiße Wirtschaft noch mehr anheizen und so inflatorisch wirken.

Die einseitige, kurzsichtige Verfolgung der Nachrichten ist an der Börse totaler Unsinn, denn man muß global denken, auf lange Sicht hin. Steigen die Zinsen, bedeutet dies noch lange nicht, daß sie im Verhältnis zu den rasant steigenden Gewinnen der Gesellschaft zu hoch sind. Nichtsdestoweniger wirken die hohen Zinsen wie eine Bremse, doch der Bremskurs muß nicht in den Crash münden. Außerdem werden schon Symptome einer Abkühlung der Wirtschaft spürbar, da die Federal Reserve Bank die Zinsen seit einem Jahr langsam kontinuierlich erhöhte. Sie hat die Wirtschaftsentwicklung dank ihrer Zinspolitik fest im Griff.

Diejenigen, die ununterbrochen Inflationsängste anheizen, stellen sich auch wieder die Frage, ob der beste Schutz nicht Gold sei. Gold bleibt in meinen Augen totes Kapital. Sein Kurs ist zwar tief, aber die Sowjetunion verkauft ununterbrochen das gelbe Metall, weil sie heute dank der Lockerung der westlichen Boykottliste viel Ware kaufen kann, die vorher nicht zugänglich war.

Da der Goldkurs so tief steht, kann es passieren, daß er als Reaktion auf irgendein politisches Ereignis etwas steigt. Der Einmarsch des Iraks in Kuwait war so ein Ereignis, das den Goldkurs beeinflußt hat. Die Sowjetunion hat die höheren Kurse ausgenutzt und noch massiver Gold auf den internationalen Markt geworfen.

Was bleibt dann als beste Anlage in einer schleichenden, aber nicht galoppierenden Inflation?

Vor einigen Wochen ging ich in Wien durch die Kärntner Straße, und plötzlich kam mir eine Erinnerung aus dem Jahr 1919: An einer bestimmten Straßenecke stand dort jeden Tag ein schwerkriegsbeschädigter Invalide auf zwei Krücken, ein Bündel Schnürsenkel in der Hand. (Er hatte übrigens eine – im nachhinein –

gespenstische Ähnlichkeit mit Adolf Hitler, der zur gleichen Zeit dort auf dem Korso seine Bilder ohne Erfolg anbot; auch das erfuhr ich natürlich erst viel später.) Der Invalide wiederholte ununterbrochen den Marktschrei, an den sich noch jeder ältere Wiener erinnert: »Kein Stroh, kein Papier, echte Friedensware.« Das brachte mich auf einen Satz, den ich als Marktschrei verbreiten möchte: »Kein Gold, kein Silber, echte Friedensware: Aktien!«

Fazit: Es existiert also eine pessimistische Schule von Professoren, Volkswirten, Wirtschaftsexperten, der sich Crash-Propheten und Berufsschwarzmaler von Staatsbankrotten, Bankenkrisen, Zinskatastrophen und ähnlichen Miseren anschließen. Ich annonciere hiermit die Gründung einer Optimistenschule von Anti-Experten. Kandidaten sind willkommen.

SECHSTE VORLESUNG:

Die Börse und der Rest der Welt

Von seiner politischen Einstellung sollte sich ein Spekulant aber nicht beeinflussen lassen. Die Erfahrung sagt, daß viele Börsianer ganz große Erfolge versäumt haben, nur weil sie politisch zu stur und unbeweglich eingestellt waren.

Doch die meisten Börsenprofis – überall auf der Welt – sind a priori dagegen gefeit, politische Überzeugungen überzubewerten. Sie sehen jedes Ereignis aus der Perspektive ihres Börsenengagements. Einer meiner Freunde war da ganz typisch. Jedes neue Gesetz, jede Regierungsentscheidung, die für seine Spekulation ungünstig war, erklärte er prompt für dumm und höchst unmoralisch: »Die Regierungen sind die größten Verbrecher!« Umgekehrt, wenn eine Verordnung ihm in den Kram paßte, war alles klug und moralisch sehr in Ordnung: »Wie gescheit die Regierung doch ist!«

Ich werde manchmal gefragt, ob ein Spekulant sich von moralischen Erwägungen leiten lassen darf. Ich meine, es hängt davon ab, ob es sich um eine Moral in humanitärer Sicht oder eine Moral in bezug auf die Gesetzgebung handelt, welche gerade viele Spekulanten als unmoralisch bezeichnen. Das bezieht sich besonders auf Länder, in denen Devisenzwangswirtschaft herrscht. Ich kannte einmal einen Spekulanten, der aus

Wien nach Paris kam. Die erste Frage, die er im Caféhaus einem Kollegen stellte, lautete: »Kinder, sagt mir, was ist hier verboten?« Es war die Zeit, in der die größten Profite mit solchen komplizierten Geschäften gemacht wurden, mit denen man gewisse Gesetze oder Verordnungen überlisten konnte.

In humanitärer Hinsicht halte ich Commodity-Spekulationen, also Preisbrecherei in einem wichtigen Rohstoff wie Baumwolle oder bei Lebensmitteln für eindeutig unmoralisch, denn solche Aktionen sind gegen die Interessen der betroffenen Bevölkerung gerichtet.

Aber ausgesprochenen »Altruismus«, Nächstenliebe, kenne ich an der Börse nur in einer Spielart: Wenn ein Baisse-Spekulant oder eine Gruppe, die auf den Kurssturz einer bestimmten Aktie gespielt haben, mehr leerverkauft haben als überhaupt Papiere vorhanden sind, dann ist der Altruist derjenige, der die Papiere besitzt und sie »großzügig« den abgewürgten Baisse-Spekulanten zur Verfügung stellt. (Auf den Typus des Baissiers komme ich später noch zurück.)

Erst kommt die Spekulation, dann die Musik

Bert Brecht sagte: »Erst kommt das Fressen, dann die Moral.« Bei mir mußte die Musik dran glauben, der doch meine ganze Liebe gilt; und nun will ich beichten. Es handelt sich um meine unvollendet gebliebene Musikstiftung, die einem Geldabenteuer zum Opfer fiel.

Zum Ende des Zweiten Weltkrieges stürzte ich mich als Spekulant auf die verschiedenen entwerteten Staats- und Kommunalpapiere, überzeugt, daß nach dem Chaos, das auf diesem Markt herrschte, sich alles wieder normalisieren würde. Es gab Schuldner unter den Staaten und Städten, die ihren Verpflichtungen schnell nachkamen, andere ließen sich lange bedrängen, bis sie sich endlich zur Zahlung ihrer Schulden bequemten. Unter diesen notleidenden Werten gab es eine Anleihe der französischen Regierung, mit der ich schon lange kokettierte. Ohne jeden Rechtsgrund wollte die Regierung diese Obligationen nicht honorieren und nur diejenigen zurückbezahlen, die im Besitz der Urzeichner geblieben waren. Die französische Regierung wollte den Börsenspielern, die diese Papiere spottbillig aufgekauft hatten, den spekulativen Nutzen vorenthalten. Ein Standpunkt, der zwar sehr ethisch sein mag, aber im Widerspruch zur Börsenmoral steht.

An der Börse gilt es als eine Tugend, solche Papiere aufzukaufen, die grundlos zu tief gefallen sind. Wie sollen wir Spekulanten leben, wenn man uns bestraft, nur weil wir Werte billig aufkaufen und die künftige Preisentwicklung richtig beurteilen? Dies war hier nämlich der Fall.

Ich kaufte also einige Kilo von diesen Obligationen für einen Pappenstiel. Ich verfolgte dabei einen speziellen Plan. Ich hatte mir folgendes ausgedacht: Dieses Mal werde ich nicht für meine Tasche, sondern für die holde Kunst spekulieren. Ich werde von der französischen Regierung den vollen, das heißt den Nominalwert ihrer Schuldscheine einfordern. Aber um zu beweisen, daß ich kein gieriger Spekulant bin, werde ich die ganze Summe, die ich bekommen sollte, sofort für einen ideellen Zweck zur Verfügung stellen: für eine Stiftung zur Förderung französischer Musik.

Während ich die Obligationen für einen Bruchteil des Nominalwertes gekauft hatte, würde der Totalbetrag ausreichen, um damit etwas Nützliches für die Musik zu schaffen. Zur gleichen Zeit könnte mein Name auch irgendwo in Gold graviert werden. Oder ich könnte einen Preis Kostolany spendieren, finanziert von den Zinsen der Stiftung. Welch erhabenes Gefühl, daran zu denken, daß vielleicht in hundert Jahren immer noch jährlich eine Komposition mit dem Prix Kostolany ausgezeichnet würde!

Ich entwarf meine Strategie sehr genau, beriet mich mit Fachleuten und Persönlichkeiten, denen mein Plan gefiel. Ich träumte bereits von meiner Stiftung. Ja, ja, Börsianer kann schließlich jeder werden, aber nicht Musiker. Wenn das Schicksal es schon wollte, daß ich kein Musiker wurde, dann sollte wenigstens mein Name, als der eines Mäzens, in die Musikgeschichte eingehen. Dies alles war wunderbar geplant, aber die Börse kreuzte einmal mehr meine Pläne . . .

Während ich in einem Büro des Finanzamtes meinen Plan einer Stiftung vortrug, philosophierten in einem anderen Winkel desselben Gebäudes verantwortliche Herren über Kreditmoral, das gegebene Wort des Schuldners etc. und trafen plötzlich eine überraschende Entscheidung: Die französische Regierung wird alle zur Diskussion stehenden Schuldscheine voll zurückzahlen, sowohl an die Urzeichner als auch an die neuen Inhaber. Die »einige Kilo« von den gewissen Obligationen wurden zum vollen Nominalwert ausbezahlt. Ich brauchte nur zum Schalter zu gehen. Mein Sinn für Kapitalismus aber war zu sehr ausgeprägt und die ausgezahlte Summe für meine Verhältnisse zu bedeutend, als daß ich es über mich gebracht hätte, schon jetzt aus eigener Tasche eine enorme Summe zu spenden. Ich bin wohl ein leidenschaftlicher Liebhaber der Musik, vielleicht auch ein tüchtiger Spekulant, aber darum doch kein Engel. Von meiner Musikstiftung sind nur drei Noten übriggeblieben: do-la-re.

Die politisierende Börse

Die Börse und die Devisenmärkte auf der einen Seite, Politik und Wirtschaft auf der anderen – so scheinen sich zwei Sphären gegenüberzustehen. Zwar ist es offensichtlich, daß zwischen beiden Bereichen vielfältige Wechselbeziehungen wie in einem System kommunizierender Röhren bestehen; doch eine Frage wird oft gestellt: Wer beeinflußt wen, machen Politik und Wirtschaft die Börsenstimmung oder strahlt umgekehrt die psychologische Verfassung der Finanzmärkte auf die übrige Gesellschaft aus?

Letztlich ist dies die Frage nach dem Ei und dem Huhn. Natürlich ist der Einfluß der nationalen Politik auf die Börse groß. Zins-, Kredit- und Steuerpolitik hängen von der Regierung ab. Die politischen Strömungen (rechts und links) beeinflussen dic Psychologie der Anleger und die Zukunft der Unternehmen. Auch die internationale Lage wirkt stark auf die Börse. Die Weltsituation (Spannung und Entspannung) beeinflußt die Psychologie des Publikums, internationale Entwicklungen beeinflussen ganze Branchen, nationale Zahlungsbilanzen, Handelsverträge und so weiter. Die Irakkrise ist ein aktuelles Beispiel.

Aber, wie ich schon gesagt habe, Börsianer interpretieren sich je nach ihrer psychologischen Grundeinstellung als Haussier oder Baissier die Ereignisse zurecht. Eine kleine Geschichte, die ich einmal gehört habe, illustriert das komplizierte Verhältnis zwischen Börse und Politik vortrefflich.

Ein alter Börsenfuchs sitzt mit einigen seiner besten Kunden gemütlich beisammen. Man gerät ins Philosophieren, und einer aus der Runde wirft die Frage aller Fragen auf: »Was ich schon immer wissen wollte, wie entstehen denn nun eigentlich Hausse und Baisse?«

Der alte Börsianer beginnt zu erklären: »Nun, ich will ein Beispiel geben. Es war vor einigen Jahrzehnten, da verbreiteten die Zeitungen eines Tages, daß sich ein junger und schöner Prinz aus altem schottischen Geschlecht mit einer liebreizenden spanischen Infantin verlobt habe. Alle Welt war sehr angetan von diesem schönen Paar, über das man bald mehr erfuhr, und man verfolgte voller Anteilnahme die weitere Entwicklung ihrer Romanze. Dieses Ereignis löste eine solche positive Stimmung beim Publikum aus, daß sich der allgemeine Optimismus auch auf die europäischen Börsen übertrug. Die Kurse stiegen und stiegen. Viele Anleger wurden wohlhabend, mancher machte ein Vermögen, man kaufte sich Häuser, ein Gut, investierte, die Wirtschaft florierte. So entsteht eine Hausse.«

Alle in der Runde nickten beifällig und erinnerten sich dieser goldenen Zeit, von der ihre Eltern ihnen noch erzählt hatten. »Aber«, fuhr der Börsenfuchs in seiner Erklärung fort, »eines Tages nun kam ganz unerwartet eine schlechte Nachricht aus den beiden Fürstenhäusern: Die Verlobung war geplatzt, Prinz und Infantin hatten sich im Streit getrennt. Diese Nachricht wirkte wie ein Schock und löste den größten Krach an der Börse aus, die Papiere fielen ins Bodenlose, Existenzen wurden vernichtet, es gab Selbstmorde. Das ist die Baisse.«

Betroffenes Schweigen, das der philosophische Fragesteller schließlich verärgert unterbrach: »Aber hören Sie, was hat denn die Heiratspolitik des Hochadels mit der Börse zu tun?« Darauf der alte Börsianer: »Sonderbar. Als ich die Hausse erklärte, haben Sie mich das nicht gefragt.«

Ich habe einmal den Spruch geprägt: Die größte Spekulation der Welt wäre es, einen Politiker zu dem Wert einzukaufen, den er hat, und ihn zu dem Wert zu verkaufen, den er sich selbst einräumt. Mit der häufig anzutreffenden Selbstüberschätzung vieler Politiker, Staatsmänner und all derer, die für die wichtigen Entscheidungen in Wirtschaft und Staatsfinanzen verantwortlich sind, mag es zusammenhängen, daß sie sich nicht bewußt sind, was sie selbst mit dem, was sie *sagen,* in der sensiblen Massenseele, bei Herrn Jedermann, anrichten können. Wie François-Marie Voltaire einmal von sich selbst sagte: »Monsieur Voltaire ist sehr mächtig, aber Monsieur Tout-le-Monde ist noch mächtiger.«

Hinzu kommt, daß Politiker oft die Machenschaften der internationalen Spekulanten nicht erfassen. Sie kennen weder ihre Mentalität noch ihre Wirkungskraft und können doch mit unüberlegten Erklärungen und semantisch falschen Definitionen Spekulationen extrem anheizen.

Es braucht nur von irgendeiner verantwortlichen Stelle ein leichtsinniges Wort zu fallen, und schon laufen Tausende von großen und kleinen Spielern, um zu »kaufen« oder zu »verkaufen«. Und dies ohne jede Überlegung. Oft gegen jede Logik. Diese spekulativen Transaktionen nahmen in den letzten Jahren immer größere Dimensionen und immer aggressivere Formen an und haben daher in der Wirtschaft sehr viel Schaden angerichtet. Sie üben eine außerordentliche Wirkung auf die Massenmedien aus, die ihrerseits den Schaden noch vergrößern, weil sie auf die Preisentwicklungen und Handelsmärkte fast immer einen ungünstigen Einfluß haben.

Ein klassisches Beispiel: Als im Sommer 1977 US-Finanzminister Michael Blumenthal und Bundeskanzler Helmut Schmidt zu gleicher Zeit spontan erklärten – obwohl niemand eine diesbezügliche Frage stellte –, daß sie gegen eine wirtschaftlich begründete weitere Abwertung des Dollar nicht einschreiten würden. Damit hatten sie aber schon eingegriffen, und zwar zugunsten des Kurssturzes des Dollar, obwohl dieser wirtschaftlich vollkommen unbegründet war.

Die Erklärung war richtig gedacht, denn das Nichteingreifen ist ja das Prinzip des »sauberen Floatens«. Aber es war überflüssig, dies noch zu betonen.

Ein solcher Wink von oben ist für die Spekulanten eine Aufforderung zum Tanz, und die Kettenreaktion erledigt das übrige. Der Schaden war angerichtet. Auch der damalige Wirtschaftsminister Otto Graf Lambsdorff machte seinerzeit einmal eine forciert geistreiche, aber überflüssige Bemerkung: Er fürchte, daß zwei Artikel bald den gleichen Preis von 1,50 Mark haben werden, nämlich Benzin und der Dollar.

Wozu war das gut? Die Druckerschwärze einer solchen Meinung ist noch nicht trocken, und schon laufen alle Spieler und jonglieren mit dem Dollar oder spielen den Dollar hinunter. Die Herren Politiker müßten den Mechanismus der Spekulation und die psychologische Einstellung der Spekulanten kennen. Sie begnügen sich aber lieber damit, Kurs- und Preisverschiebungen mit

Klischees zu erklären, ohne nach den wahren Gründen zu forschen. In dieser Weise kann man einen ordentlichen Markt – sei es für Rohstoffe, sei es für Währungen – vor Unfug nicht schützen.

Im Gegenteil sollten Politiker den Spekulanten zuvorkommen, zumindest aber ihre Zunge im Zaum halten. Es ist doch eine Binsenwahrheit auf allen Börsen und Märkten: Wenn die Spekulanten für eine Ware, Währung oder ein Wertpapier einen hohen oder tiefen Kurs erwarten oder sich dies durch die Massenmedien einreden ließen, dann kaufen oder verkaufen sie dieses Spekulationsobjekt so lange und in einem so hohen Maße, bis der von ihnen erhoffte Preis eingetroffen ist. In der Hysterie denkt doch niemand mehr nach, denn keiner kann sich der Massenpsychose entziehen. Die Spieler, die eine x-beliebige Ware kaufen, nehmen nicht nur Ereignisse vorweg, sondern sogar die Voreiligkeit derjenigen, die ihnen die Ware abkaufen werden.

Nach Keynes ist das eine Kumulation der Antizipationen, das heißt die Vorwegnahme im Quadrat. Und das Ende der Kursbewegungen gegen Logik und wirtschaftliche Tatsachen ist der Zusammenbruch.

Die Spieler, die auf Nummer »todsicher« gespielt haben (auf der Rennbahn nennt man sie »Tuttisten«), werden enttäuscht und bestraft. Denn natürlich kauften die meisten zum höchsten Kurs. Anderenfalls wäre dieser ja nicht zustande gekommen. Die Spieler, ob sie nun kaufen oder verkaufen, zum Schluß werden sie so oder so ihr Geld verlieren. Das wäre ja noch gerecht. Aber inzwischen haben sie viel Unheil angerichtet.

Was sollten also die verantwortlichen Stellen gegen diese dummen oder bösen Spekulanten unternehmen, um ihre Machenschaften unschädlich zu machen? Es gibt zahlreiche Methoden und Möglichkeiten. Im alten Ungarn sagte man einmal, daß aus Ganoven die besten Polizisten werden. Die Politiker, Finanzminister oder Notenbankdirektoren sollten daher an ihrer Seite auch immer einen Exspekulanten als Berater haben. Der könnte ihnen oft Hilfe leisten.

Das rote Fahrrad

Der erfolgreiche Spekulant muß ein scharfsinniger politischer Analytiker, aber auch ein geschulter Massenpsychologe sein. Denn er hat zur selben Zeit zwei Rätsel zu raten: die politischen Ereignisse und die Reaktion der Sparer auf diese. Bei jenen kann man noch eine gewisse logische Entwicklung ermessen, die Reaktion der Sparer aber folgt ganz eigenen, kapriziösen Gesetzen. Wie ich schon erwähnt habe: Wie oft erlebten wir, daß ein Kriegsausbruch die Kurse in die Höhe sausen ließ, aber auch das Gegenteil, wie Aktienpreise auf die gleichen Nachrichten hin in die Tiefe stürzten. Die alte Börsenweisheit »Kaufen beim Donner der Kanonen, verkaufen bei der sanften Musik der Violinen« gilt heute nicht mehr. Denn was alle wissen, ist keine Weisheit mehr an der Börse. Gewogen und geeicht muß der sein, der sich in dieses Gedränge einläßt.

Ich selbst habe schon vor sehr langer Zeit, noch als Kind, am eigenen Leib erfahren, daß man mit Spekulationen den Tagesnachrichten nicht hinterherlaufen darf.

Und zwar: Der Pulvergeruch in den ersten Sommertagen des Jahres 1914 hatte ein wahres Spekulationsfieber ausgelöst. Man stürzte sich vor allem auf die Waren, bei denen Gefahr bestand, daß sie nicht mehr nach Ungarn eingeführt werden könnten. Deshalb stiegen die Kurse für ausländische Erzeugnisse. Man spekulierte mit allem, mit den verschiedensten Waren – Vanille, Pfeffer, Gewürznelken und so weiter. Vor allem spekulierte man mit Raffia, denn Raffia war unentbehrlich im ungarischen Weinbau. (Winzer brauchen dessen Blätter für die Herstellung von Bast.)

Mein Bruder war damals Volontär in einer Großbank, die sich auf Rohstoff-Finanzierungen spezialisiert hatte. Er bekam einen Börsenwink über Raffia. Mit einigen Freunden kaufte er auf Pump bei der Bank einige Kontrakte des wertvollen Strohs auf den Namen eines weniger wertvollen Strohmannes. Der Preis war damals durch die Spekulation schon stark überhöht.

Das Glück schien zuerst der Raffiafaser hold zu sein. Der Krieg brach aus, und ihr Preis schnellte wie ein Pfeil in die Höhe. Doch die Kriegsnachrichten machten den jungen Spekulanten einen Strich durch die Rechnung. Und zwar einen dicken. Die österreichisch-ungarische Armee stieß blitzschnell tief nach Serbien vor, gleichzeitig gelangten die deutschen Truppen bis an die Marne. Der alte Feldmarschall Hindenburg schlug die Russen bei Tannenberg in Ostpreußen. Die Scheinsiege an drei Fronten ließen auf einen baldigen Frieden hoffen; alles würde bald wieder normal werden.

Die Raffiakurse begannen zu gleiten ..., und das Strohkonto war schon stark im Debet. Die Bank forderte neue Zahlungen, aber leider waren die Taschen alle leer ...

Das Gesicht meines Bruders wurde vom Frühstück bis zum Abendbrot immer länger, und jeden Tag ein bißchen mehr. Ein Haussepunkt ließ ihn aufatmen, drei Baissepunkte stürzten ihn um so tiefer in Verzweiflung. Wir alle erlebten dieses ständige Auf und Ab intensiv mit. So wichtig uns die Nachrichten von den Fronten waren, genauso wichtig waren uns ihre Auswirkungen auf den Börsenkurs der Raffia. Mein Bruder wurde von Furcht geschüttelt, als er sich darüber klar wurde, daß mein Vater seinen Hilferufen kein sehr williges Ohr leihen wollte. Auch die mütterliche Vermittlung machte den Vater nicht freigebiger. Wir zitterten alle, als mein Bruder, durch die Forderungen der Bank in Panik versetzt, sogar von Selbstmord sprach. Das Schreckgespenst eines Dramas schwebte über dem ganzen Haus.

Schließlich wurde sich mein Vater der drohenden Tragödie bewußt; er erkannte, daß mein Bruder es als Ehrensache betrachten und ernst machen würde. Er bewilligte ihm die notwendige große Summe.

Seitdem wurde das Wort Raffia in unserer Familie gemieden, wie der Strick im Hause eines Gehenkten. Es gab keine Tragödie, die Familienehre blieb unangetastet. Aber ich, ich bekam das rote Fahrrad nicht, von dem ich geträumt hatte ...

Kaum war dieser gefährliche Spekulantennotstand überwunden, da kam die Marneschlacht und mit ihr die Rückschläge an den anderen Fronten. Die Hoffnungen auf einen raschen Sieg waren dahingeschmolzen. Der Krieg zog sich hoffnungslos hin. Die Raffiakurse kletterten rasch den Berg wieder hinauf und gewannen alles wieder, was sie verloren hatten. Aber nun war es zu spät ...

Und das Ende der Geschichte: Die handelnden Personen, meine Eltern, mein Bruder sind längst alle tot. Die Raffiaspekulation erscheint mir heute so winzig, so simpel im Vergleich zu den gigantischen Spekulationen auf den Weltmärkten (der damals erwartete Gewinn entspräche heute dem Gegenwert eines Abendessens in New York). Aber ich fühle heute noch den Schreck von damals in den Knochen: Er blieb mir ein Memento fürs Leben, ein Memento für meine Spekulationen.

Wenn die Börse »talk of the town« ist

Wie politische Ereignisse über Wohl und Wehe an der Börse entscheiden können, haben wir gesehen. Umgekehrt beeinflußt die Börsenentwicklung auch die Stimmung in Wirtschaft, Politik und Gesellschaft. Besonders deutlich wird das in der Zeit einer übersteigerten Börseneuphorie.

Dann spricht man auf den *dîners en ville,* auf den Cocktailpartys, in den Wandelgängen des Parlaments – überall – nur noch von der Börse. Es ist fein, Tips auszutauschen, die Chancen der einen oder anderen Aktie zu analysieren. »Börsianer« ist ein angesehener Beruf. Genau zu diesem Zeitpunkt, wenn die Börse »talk of the town« ist, muß man unbedingt aussteigen!

Ein gutes Beispiel ist der Winter 1961/62, als in der Wall Street eine wahre Fiesta herrschte und das Leben schön war für die Börsianer. Das Börsenfieber hatte damals in Amerika einen Höhepunkt erreicht. Viel Verstand brauchte man nicht, um seine Taschen zu füllen, man mußte nur heute kaufen und morgen verkaufen oder morgen kaufen und übermorgen verkaufen. Wenn man das Glück hatte, die Aktie einer neuen heißen Emission zu erwischen, war das schon ein Treffer (genau wie in der zweiten Hälfte der Achtziger in der Bundesrepublik). Die neuen Emissionen kamen vormittags mit 10 Dollar heraus, und nachmittags waren sie schon 20 oder 30 Dollar wert. Man mußte nur den Friseur der Frau des Managers kennen, um auf der Liste jener Glücklichen zu figurieren, die bei einer neuen Emission ihre Portion Aktien bekamen.

Ein genialer Kapellmeister dirigierte das Orchester, bei dessen Tönen immer neue Schichten des gewinnlüsternen Publikums in den Hexentanz hineingerissen wurden. Die Konglomerate, die wunderbare Erfindung der neuen Financiers, florierten. Das gesamte Brokerestablishment arbeitete mit Volldampf, etwa dreihunderttausend Makler mit hundertprozentiger Kapazität. Die meisten von ihnen rührten sich vom Telefon überhaupt nicht weg. Denn mit einem einzigen Anruf konnten wieder fünfhundert bis tausend Aktien einer neuen Emission verkauft werden. Die Emissionen waren natürlich alle »heiß«, zumal sie auch genügend angeheizt wurden und sogar so sehr angeheizt, daß sich die Kunden dabei die Finger verbrannten. Aber die Zahl der Makler und Financiers schien noch immer nicht auszureichen. Denn sie suchten in Funk und Pressewerbung weitere Mitarbeiter. Der Wertpapierumsatz stieg täglich, jeder Tag brachte einen neuen Rekord. Die Brokerfirmen arbeiteten die Nächte durch, ihr Hunger nach neuen Kunden schien unersättlich.

Diese überspannte Atmosphäre, die mich an 1929 erinnerte, war aber auch notwendig, denn nur in einer solchen Euphorie konnte man dem Publikum alles verkaufen, gleichgültig, ob es die Luftschloß AG oder Mondimmobilienaktien waren. Es war der berühmte Boom, der schließlich mit dem Krach von 1962 endete.

Psychologie und Propaganda spielen eine besonders große Rolle in solchen Zeiten des Booms. In der Bundesrepublik hatten wir vor einigen Jahren auch einen solchen Fall einer heißen neuen Emission. Ein Unternehmen der Freizeitindustrie ging erstmals an die Börse. Um diese Neuemission an den Mann zu bringen, wurde ein enormer Propagandarummel veranstaltet, an dem auch sehr bekannte Persönlichkeiten des öffentlichen Lebens teilnahmen. Es war abzusehen, daß die Papiere mehrfach überzeichnet sein würden, und so liefen die kleinen Leute von Bank zu Bank, um hier 10 Aktien und dort 10 Aktien zu zeichnen und wenigstens einen Bruchteil zugeteilt zu bekommen. Der Emissionskurs lag etwa bei 370.

An der Börse wurde das Papier dann schon mit 500 eingeführt, und selbst zu diesem Preis war es noch nicht zu bekommen. Dann, der Kurs stand schon über 1000, kamen große Quantitäten, vor allem aus England, auf den Markt. Plötzlich konnte man so viele Aktien erwerben, wie man wollte, und das deutsche Publikum hat sie geschluckt. Jeder, der zuvor zu kurz gekommen war, wollte sich jetzt eindecken. Das Ganze hatte rein psychologische Gründe, denn die Banken wußten zu diesem Zeitpunkt längst, daß die Firma ihr Stammkapital in Amerika verloren hatte. Dennoch rieten sie dem Publikum weiterhin zum Kauf. Ihre Absicht war es natürlich, ihre eigenen Lager zu räumen. Deshalb wiederhole ich immer wieder in meinen Seminaren: Folgen Sie unter keinen Umständen den Tips der Banken. Das ist genauso wie in meinem Stammbistro: Wenn mir der Wirt »Boeuf à la mode« empfiehlt, weil er noch fünf Portionen in der Küche stehen hat und loswerden will, so bestelle ich justament dieses Gericht nicht.

Natürlich ist der Ballon dann geplatzt, wie immer, heute steht das betreffende Papier nur noch auf 300.

Später hatte ich einmal die Gelegenheit, dem Vorstand der Emissionsbank, bei der ich einen Vortrag hielt, ein Zitat aus Richard Wagners »Die Meistersinger von Nürnberg« unter die Nase zu reiben: ». . . daß Ihr mit Biederkeit der ärgste aller Spitzbuben seid!« (1. Teil, III. Akt, Beckmesser zu Hans Sachs.)

Siebte Vorlesung:

Zur Psychologie der Deutschen

Politische Hellseherei ist eine Gabe, die ich gern besäße – ob sie mir aber auch Erfolg bei meinen Finanzengagements bringen würde, erscheint mir fraglich. Hätte ich beispielsweise Anfang 1989 den Fall der Berliner Mauer und die damit verbundenen Ereignisse vorausgesehen, so wäre es für mich doch sehr schwer zu erraten gewesen, wie die Menschen in den beiden deutschen Staaten – und das Börsenpublikum – darauf reagieren würden.

Man kann nicht behaupten, daß die jüngsten Ereignisse von den Deutschen nur euphorisch beurteilt wurden. Ich persönlich bin auf lange Sicht sehr optimistisch, denn nichts ist besser für die Ökonomie und die Finanzmärkte als, global gesehen, das Scheitern der sozialistischen Planwirtschaft und die Chance für einen dauerhaften Frieden sowie, auf Deutschland bezogen, der Einigungsprozeß. Viele Deutsche sind aber nicht so angetan von der Aussicht, die Wiedervereinigung auch materiell zu unterstützen. Und daß so viele Flüchtlinge und Aussiedler aus der DDR, zuvor aus Polen und der Sowjetunion, ins Land kamen, stieß auch nicht überall auf Begeisterung.

Das erinnert mich daran, wie ich einmal – es war unmittelbar nach Kriegsende – mit Ferenc Molnár den

Broadway entlangspazierte, als die Zeitungsverkäufer die Nachricht verkündeten, Ungarn habe seine Grenzen für die Ausreise wieder geöffnet. Darauf begann Molnár zu wehklagen: »Diese armen Ungarn, meine arme Schwester, meine armen Neffen und Nichten ...« Ich tröstete ihn: »Aber mach dir doch keine Sorgen. Jetzt ist doch alles gut. Sie werden nach Amerika kommen, einer nach dem anderen.« »Das ist es ja«, jammerte er, »sie sind schon alle da.«

Die wirtschaftliche Ausgangslage der Bundesrepublik ist hervorragend, hohe Exportüberschüsse, eine blendende Konjunktur und unerwartet hohe Steuereinnahmen. Dennoch wird die Wiedervereinigung sicherlich zunächst auch viel Geld kosten. Doch da kann ich nur Molière zitieren: »Vous l'avez voulu, George Dandin – Sie haben es so gewollt!«

Was die Währungsunion betrifft, sie ist nicht nur für alle akzeptabel, sie war auch dringend nötig; aber ein heikles Unternehmen. Es gibt auch Präzedenzfälle. Österreich und Ungarn hatten zum Beispiel vor 1918 eine Währungs-, Zoll- und Wirtschaftsunion, trotz verschiedener Parlamente und Gesetzgebung, sogar zwei Armeen, aber bei einem gemeinsamen Staatsoberhaupt, das Gesetze beider Staaten paraphierte.

Man hat sich für ein bestimmtes Procedere, etwas im Hauruckverfahren, entschieden. Ich hätte einen anderen Plan angeboten, obwohl ich in Deutschland kein Wahlrecht habe. Diese Lösung sah vor, die Ost-Mark langsam durch in- und ausländische Banken aufkaufen zu lassen und ihren Wert auf diese Weise zu verdoppeln. Die größten Märkte waren dafür Zürich und Wien, und beide entfalteten im Blick auf die Ost-Mark damals auch rege Aktivitäten.

Mein provisorischer Plan hätte erreicht, daß sich der Lebensstandard in der DDR sofort erhöht hätte, und außerdem verhindert, daß die DDR an Spekulanten ausverkauft wird.

Mit einer endgültigen Reform hätte man allerdings bis nach der Bundestagswahl warten müssen. Am besten wäre natürlich gewesen, diese so weit wie möglich vorzuziehen, um den diversen Demagogen nicht noch länger Gelegenheit zu geben, mit ihrem chauvinistischen Geschwätz Unheil anzurichten. Deutscher Nationalismus ist äußerst schlecht für das Image im Ausland. Und wie manche Politiker jetzt auftreten, das war man von den Deutschen nicht mehr gewohnt.

Jeder Bürger dieser Welt macht sich Gedanken zu den Ereignissen – ob es nun um den Zusammenbruch des Kommunismus geht oder um die Frage der Wiedervereinigung. Jeder hat eine Idee, einen Plan, wie alle diese Probleme zu lösen oder zumindest anzugehen sind. Es gibt so viele Lösungen wie Stammtische auf dieser Welt.

Ich habe mich auch eingemischt, weil die deutsche Frage, abgesehen davon, daß sie die wichtigste ist, auch für die Wirtschaft, für die Finanzen und damit für die Börse entscheidende Daten setzt. Die berühmten Worte des französischen Finanzministers Baron Louis an seinen König Louis Philippe sind noch immer gültig und lassen sich auch an Kanzler Kohl richten: »Machen Sie mir eine gute Politik, Sire, so mache ich gute Finanzen!«

Bei der Politik des deutschen Notenbankpräsidenten, Karl Otto Pöhl, habe ich neuerdings das Gefühl, daß er die richtige Politik macht. Ich habe den Verdacht, daß man in der Bundesrepublik endlich die Fenster geöffnet hat, um frische Luft hereinzulassen, und nicht mehr dem Motto folgt, daß null Inflation das höchste Ziel sei, auch wenn die deutsche Wirtschaft daran schwer leide. Das war, glaube ich, bisher das Credo des Vizepräsidenten Helmut Schlesinger und seiner monetaristischen Clique.

Es scheint mir, daß sich Herr Pöhl mittlerweile mit einer geschmeidigen Zins- und Geldpolitik durchsetzt, obwohl ja letztendlich nur der Zentralbankrat entscheiden kann, ob die Zinsen steigen oder nicht. Es ist schwer, sich vorzustellen, daß über solche lebenswichtigen Fragen für die Wirtschaft nicht der Bundesbankpräsident bestimmt, sondern Männer, die laut Einschätzung des *Spiegel* nicht gerade die höchstqualifizierten sind, da ihre Ernennung oft von politischen, demagogischen oder rein persönlichen Motivationen abhängt.

Eine ganz sanfte Inflation ist noch immer ein kleineres Übel als die kleinste Deflation (die nach dem 19. Oktober 1987 zu befürchten war). Inflation ist bis zu einem gewissen Grad ein leichtes Gift – unschädlich, solange es unter Kontrolle bleibt und die Wirtschaft nur leicht stimuliert, so wie Nikotin und Alkohol den Menschen (nur darf man kein Alkoholiker oder Kettenraucher werden!). Die Deflation ist glücklicherweise oft nur psychologisch vorhanden (wenn die Notenbank nicht hilft). Sie schafft soziale Unruhen, die sich in Wahlergebnissen widerspiegeln.

Fällt die kommende gesamtdeutsche Wahl sehr schlecht für die Koalition aus, was nicht unmöglich ist, dann werden hohe Zinsen und tiefer Dollarkurs auch nicht helfen, die Inflation zu zügeln. Ich fürchte, auf eine rot-grüne Machtübernahme würde das Sparerpublikum so dramatisch reagieren, daß man eine Devisenzwangswirtschaft nicht vermeiden könnte.

Mit einer richtigen Finanzpolitik kann Karl Otto Pöhl Kanzler Kohl unter die Arme greifen, denn eine Hochkonjunktur hilft ihm sehr. Im Falle einer rot-grünen Koalition dagegen wäre der Kampf gegen die Inflation eine Sisyphusarbeit – zur großen Freude jener, die auf Inflation spekulieren. Deflationspolitik ist eine sehr kurzsichtige Angelegenheit; sie endet immer mit negativen politischen Folgen.

Der Bundesbankpräsident erklärte vor einiger Zeit, ein höherer Dollarkurs spiele für die deutsche Wirtschaft keine große Rolle. Wie wahr! Das klingt anders als das, was der ehemalige Finanzminister Stoltenberg mehrmals wiederholte: Ein sinkender Dollar könne für die Deutschen gar keine Wirkung haben, die Bundesrepublik exportiere viel zuwenig nach Amerika. Eine solche Bemerkung vom Finanzminister eines Landes mit einer Exportquote von 38 Prozent war blanker Unsinn. Und auch wenn die D-Mark sich durch die Währungs- und Wirtschaftsunion und die damit verbundenen Belastungen etwas im Kurs verschlechtert, so ist das kein Malheur.

Ich appelliere an Herrn Pöhl: »Lassen Sie sich von den Mitgliedern des Zentralbankrats nicht mehr terrorisieren! Von Ihnen hängt auch des Kanzlers Schicksal ab.« Die Stärke eines Landes liegt weder im Dollarkurs noch in der Zinshöhe, sondern in den Tugenden des

Landes oder in der wirtschaftlichen Potenz seiner Führung. Mut muß man haben – ich glaube, der Notenbankpräsident hat ihn. Denn noch immer gilt Napoleons Maxime: »Der Mutige gewinnt jede Schlacht!«

Das gilt auch für die wirtschaftlichen Perspektiven, die sich durch die Wirtschafts- und Währungsunion eröffnen. Die staatliche Form, ob und wann es nun ein gemeinsames Parlament und eine gemeinsame Armee geben wird, ist dabei ohne Bedeutung. Wichtig ist nur, daß die Grenze gefallen ist. Jetzt werden alle westdeutschen Unternehmer, die schon Investitionen in Ungarn oder vielleicht in Polen ins Auge gefaßt hatten, ihre Mittel in den Wiederaufbau der DDR stecken. Das ist eine Riesenchance und wird der DDR ein zweites deutsches Wirtschaftswunder bescheren.

Die Deutschen haben heute zu ihrer Wirtschaft eine sehr positive Einstellung. Diese Einstellung und ihre Art, damit umzugehen, entspricht tatsächlich ein wenig dem Klischee vom typischen Deutschen. Obwohl ich solche Verallgemeinerungen eigentlich nicht mag, glaube ich doch, daß solche Eigenschaften, wie man sie dem deutschen Charakter gerne zuschreibt, existieren und bei der wirtschaftlichen Entwicklung der (ehemaligen) DDR eine Rolle spielen werden: Pünktlichkeit (im Liefern), Verantwortung (für die Qualität der Waren), auch Fleiß. Obwohl man den Fleiß in der DDR und auch in der Bundesrepublik etwas verlernt hat. Aber vielleicht werden sich sogar die Einwohner von Leipzig, Dresden, Chemnitz, wenn sie endlich wieder Ziele vor Augen haben und anständig bezahlt werden, sich als tüchtiger herausstellen als die verwöhnten Bundesbürger.

Auch der den Deutschen nachgesagte Hang zur Romantik könnte in Wirtschaftsdingen durchaus positiv sein, obwohl ich davon noch nicht viel bemerkt habe. Zuviel Nüchternheit in der Wirtschaft ist ja nicht gut; Ideen, Wagemut, Phantasie sind heute gefragt und sollten mobilisiert werden.

In der Politik denke ich nicht so gut über die deutsche romantische Ader. Man kann das deutsche Volk doch so leicht manipulieren. Natürlich, der Nationalsozialismus war aus der Armut geboren, konnte nur in der wirtschaftlichen Misere gedeihen, und heute sieht die Lage wahrlich anders aus. Aber: Noch vor einem Jahr hätte ich eine solche Aufwallung nationaler Gefühle in diesem zufriedenen Land nicht für möglich gehalten.

In der Wirtschaft würde mir dieser romantische »touch« besser gefallen. Doch Romantik in Geldangelegenheiten konnte ich bei den Deutschen bisher nicht entdecken; da sind sie sehr bieder und kennen keinen Spaß.

Jedes Land hat die Börsianer, die es verdient

In Deutschland haben eindeutig die »Zittrigen« die Mehrheit. Die deutschen Anleger sind nicht so trainiert in Gelddingen, ihnen fehlt die Routine, und sie sind letztlich am internationalen Geldmarkt Neulinge, denn das Wachsen der Börsengeschäfte haben die Deutschen in den ersten Jahren nicht miterlebt. Unter Hitler herrschte von 1933 an Zwangswirtschaft, und nach dem Krieg war es in Deutschland in dieser Hinsicht bis Mitte der sechziger Jahre sehr still. In den letzten zwanzig Jahren allerdings hat sich die deutsche Einstellung zur Börse und zur Spekulation dramatisch verändert. Aber zwanzig Jahre sind letztlich eine kurze Zeit und reichen nicht, um einen Erfahrungsschatz zu bilden, wie ihn andere Länder besitzen. Dieses trifft vor allen Dingen für die Börsenprofis zu.

Das deutsche Publikum ist konservativ. Zwei verheerende Inflationen haben die deutschen Sparer ängstlich gemacht. Die Deutschen sind ein Rentnervolk geworden, das nur Sicherheit will: Festgeld, Anleihen, Renten.

Und selbst wenn sie etwas wagen wollen, dann mit eigenartigen Hintergedanken. Kürzlich schrieb mir ein junger Mann. Er wollte wissen, wie er zur Börse kommen könne, denn er wolle schnell Geld machen, um dann möglichst bald in den Ruhestand zu gehen. Er war gerade 18 Jahre alt! Er fragte mich auch, warum ich mich denn immer noch damit strapaziere, Vorträge zu halten und Bücher zu schreiben, wo ich doch finanziell unabhängig sei. Warum ich denn nicht lieber irgendwo im Süden auf einer Insel in der Sonne liege? Ich stellte die Gegenfrage: »Haben Sie es denn schon einmal ausprobiert?« Als er verneinte, war meine Antwort: »Aber ich.«

Die meisten Deutschen wollen einfach ihr Geld so anlegen, daß kein Risiko besteht, daß sie etwas verlieren könnten. Denn das muß man ja wissen, wenn man Aktien kauft, besteht immer die Möglichkeit, daß deren Kurs auch wieder fällt. Und das deutsche Publikum mag schon aus diesem Grund am liebsten Festgeld.

Da kann dann zwar nichts passieren, aber es ist letztlich eine sehr schlechte Sache, denn wenn das Publikum sein Geld fest anlegt, kann es langsam ärmer und ärmer werden, da die Kaufkraft des Geldes zurückgeht und die Zinssätze nicht hoch genug liegen, um diese Verluste zu kompensieren. Die Aktien sind hingegen eine wesentlich bessere Anlage, sie sind trotz aller Risiken x-mal besser als jede Form der Festgeldanlage.

Eine kleine Statistik: Seit 1925 hat sich der Preis von Aktien mittlerer Qualität verhundertfacht, die Blue Chips sind seitdem um das 25fache gestiegen, während Festgeld und Anleihen eine Performance mit dem Koeffizienten 12 erlebten. Im letzten Jahrhundert sagten die Franzosen: »Bête comme l'actionaire.« Klug wie ein Aktionär wäre zutreffender gewesen. Und ein alter Spruch lautet: »Wer gut schlafen will, kauft Anleihen, wer gut essen will, bevorzugt Aktien.«

Und wenn die Deutschen sich trotz aller Vorbehalte doch an die Börse wagen, dann zittern sie – mangels Erfahrung vielleicht – wie Espenlaub. In den anderen kapitalistischen Ländern kommen auf zehn Hartgesottene 90 Zittrige; in der Bundesrepublik stehen nur fünf Hartgesottene 95 Angsthasen gegenüber.

Eben die deutschen Tugenden wie Disziplin und Tüchtigkeit sind an der Börse eher abträglich, denn Spekulieren ist in diesem Sinne keine Arbeit, es ist eher eine Kunst, etwas Intuitives. Die Deutschen sind der Tücke des Geldes nicht gewachsen. Das Volk der Romantiker, Philosophen und Musiker ist in Geldangelegenheiten leider unromantisch, verliert jeden Hang zur Philosophie und mehr noch zur Phantasie.

Der berühmte Satiriker Karl Farkas, der nicht unbedingt ein Freund der Deutschen war, prägte den Spruch: »Die Deutschen arbeiten nicht nur viel, sondern auch gern. Recht geschieht ihnen.« Aber – auch deshalb bin ich optimistisch für den wirtschaftlichen Aufbau der ehemaligen DDR.

ACHTE VORLESUNG:

Mein Börsenzoo

Es gibt eine amüsante Definition der Börse: Sie sei »Monte Carlo ohne Musik«. Dagegen muß ich protestieren. Ich lebe im Sommer oft an der französischen Riviera, einige Minuten von Monte Carlo entfernt, und wenn ich hin und wieder Lust habe auf ein wenig Börsenatmosphäre, laufe ich bestimmt nicht nach Monte Carlo hinüber.

Armes Monte Carlo, ein trauriges Bild: Die paar hundert alten Herren und Damen, die mit einigen Chips ihren täglichen Kuchen zu gewinnen versuchen. Ein trauriges Bild, wenn ich an die Millionen Aktien denke, die täglich an der New Yorker Börse gehandelt werden.

Es ist wahr, daß viele Spieler in Wall Street mit ihrem Geld genauso umgehen, als wäre die Börse ein Riesenkasino; eine so leichtsinnige Einstellung rechtfertigt es jedoch nicht, die 37 roten und schwarzen Zahlen auf dem grünen Roulettetisch mit dem Kursblatt der Börse zu verwechseln. Das Spiel an der Börse bewegt das Kapital. Der Reiz des Gewinnes lockt die Millionen der Mammut- und die Sparpfennige der Mikro-Kapitalisten in neue Industrien und wissenschaftliche Projekte. Wo wären die Eisenbahnen des 19., die Automobile des 20. Jahrhunderts, die elektronischen, die Computer- und andere revolutionäre Unternehmungen, wenn die Börsenspekulation nicht die nötigen Milliarden geliefert hätte? Und wenn auch manchmal das wilde Börsenspiel zu monumentalen Krächen führt – auch aus deren Trümmern ersteht immer eine wunderbare neue Industrie. Mit einem Satz: Die Spekulanten, diese Parasiten der Wirtschaft, haben ihre spezifische Rolle im liberalen Kapitalismus der Privatunternehmen.

Die pittoreske Gesellschaft der Börsen-Glücksritter habe ich kürzlich wieder einmal genießen können, und zwar nicht in Monte Carlo, sondern an einem Pariser Abend in Frack, Klack und Lack.

700 Börsenspieler und Spekulanten waren zu einer der glanzvollen Soireen der Pariser Saison im Bois de Boulogne eingeladen. Eine der angesehensten Brokerfirmen in Wall Street feierte ihr hundertjähriges Bestehen. Der Seniorpartner, aus New York angereist, eröffnete den Ball, nachdem er die Creme der Pariser Spekulanten begrüßt hatte. Zu den Klängen dreier Orchester drehten sich die Börsianer beiderlei Geschlechtes bis zum Morgengrauen. Ich habe mich recht wohl amüsiert. Kaviar à gogo (mit dem Löffel) und der beste Champagner in Strömen, exotische Früchte, die schönsten Blumenkörbe. Lakaien mit weißen Perücken bedienten. Alles war gut, schön und teuer. Was spielt so ein kleiner Spaß schon für eine Rolle, wenn man bedenkt, welche Kommissionen die Herren Broker täglich einstecken. Der ganze Zoo war hier versammelt: alle Typen und alle Sorten – Spieler, die von einem Tag auf den anderen operieren, Spekulanten größten Formats und Verwalter von riesigen Investmentfonds. Tips flatterten von einem Tisch zum anderen, Börsenkurse, Ziffern der Bilanzen; Argumente wurden getauscht.

Hier versucht eine junge Dame im Glanz der Diamanten ihrem Tischnachbarn den sicheren Tip zu entreißen, um sich für den nächsten Winter den neuen Nerz bestellen zu können; ein dicker Herr mit Zigarre bespricht seine Ideen mit einem Kollegen und denkt schon an den Swimming-pool, den er sich mit dem Gewinn leisten wird. »Ich habe meine neue Jacht ›Boeing‹ getauft«, sagt zu mir ein alter Bekannter, »da ich sie mit meinem Profit aus Boeing finanziert habe. Hätte ich die Aktien einige Monate später verkauft, hätte sie doppelt so groß sein können.« Man sprach alle Sprachen, alle Nationalitäten waren vertreten: Angelsachsen, Armenier, Russen oder chinesische Flüchtlinge, die in Wall Street als die scharfsinnigsten und erfolgreichsten Operateure gelten. Dieser Abend war das beste Symbol des friedlichen Zusammenlebens unter dem Zeichen des Dollar. Es war ein Abend, amüsanter und farbiger als in Monte Carlo. Es war halt »die Börse mit Musik«.

Bären und Stiere

Seit siebzig Jahren lebe ich in einem Zoo der verschiedensten Menschenspezies. Ich hatte viele Freunde: Uradelige, Intellektuelle, kleine Schieber und große Diebe, Reiche wie Krösus und Arme wie Kirchenmäuse. Und an der Börse? Nicht jeder, der sich dort bewegt, ist ein »Spekulant« (ich meine, man darf den Begriff nicht mißbrauchen). Es gibt solche und solche Börsianer. Es gibt den Doktor der Börsenkunst und den Börsenspieler von einem Tag zum anderen oder sogar von einer Stunde zur anderen. Es gibt Amateure, Halbamateure, es gibt Winkelspekulanten und so fort.

Und dann gibt es noch das ganze Heer der technischen Armatur: Bankiers und ihre Angestellten, Makler, Zensale, Remissiers, Agenten und Subagenten, abgebrannte Anlageberater, deren Beruf eher dem eines Staubsaugerverkäufers als dem eines Vermögensverwalters ähnelt, und ein ganzes Heer von Menschen, die durch die Börse oder auch nur an der Börse leben, von Kommissionen, Provisionen, Vermittlungsgebühren und so weiter.

Die wichtigsten Figuren aber sind »Haussetrottel«, »Baissegeier« und andere Käuze – sie bevölkern die Welt, in der ich mich seit sieben Jahrzehnten bewege. Nach einer so langen Zeit darf ich mich über die Börsenzoologie, von der ich mich selbst nicht ausschließe, ein wenig lustig machen. Mit etwas Glück können Jüngere davon sogar profitieren.

Die Börse ist eine bunte Welt, eine Art von Dschungel, wo der Starke den Schwachen auffrißt. Vae victis: Es herrscht unter den Profis ein permanenter Kampf und ein dazu bestens geeignetes Zweiparteiensystem. Es gibt Baissiers und Haussiers oder – wie die Angelsachsen es malerisch ausdrücken – Bears and Bulls (Bären und Stiere).

Der Bulle ist das Sinnbild des Spekulanten, der voranstürmt und mit seinen Hörnern alles in die Höhe schleudert, an erster Stelle natürlich die Kurse. Der Baissier ist der Jäger, der das Fell verkauft, bevor er den Bären geschossen hat. Es kann ihm nämlich passieren, daß er den Bären nicht trifft und dann mit Verlust das zu früh verkaufte Fell zurückkaufen muß.

In allen Börsen der Welt mögen die Bulls die Bears und die Bären die Bullen nicht. Ihre Weltanschauung ist so grundsätzlich verschieden voneinander, daß es kein wirtschaftliches oder politisches Ereignis gibt, bei dem sie ein und derselben Meinung wären. Der Baissier kommentiert jede Nachricht pessimistisch, der Haussier gibt zur gleichen Zeit eine optimistische Interpretation.

Ich kann, wenn ich mich zehn Minuten mit einem Börsianer unterhalten habe, sagen, ob er Haussier oder Baissier ist – ohne ein Wort über die Börse zu verlieren. Meine »Börsenpsychoanalyse« im Schnellverfahren arbeitet sofort. Denn wenn zwei Börsianer sich treffen, fragen sie nicht: »Wie geht es Ihnen?«, sondern »Wie sehen Sie den Markt?«

Der Baissier ist ein ganz merkwürdiger Kauz, dessen Motivation sich aus unterschiedlichen Quellen speisen kann. Ein ganz typischer Vertreter des »intellektuellen Baissiers« war ein gewisser Victor Lyon, der in Börsenkreisen allgemein nur »der Blutsauger« genannt wurde. Er bemühte sich immer, durch Geheiminformationen herauszubekommen, in welcher Höhe jeweils Kreditengagements an der Börse bestanden. Wenn er wußte, daß viele Hunderte Millionen, ja Milliarden in einer Hausse-Spekulation engagiert waren, spielte er natürlich auf die Baisse. Er wiederholte immer wieder: Die technische Verfassung des Marktes ist entscheidend; wenn alle Papiere von den »schwachen Händen« gehalten werden, dann muß der Krach kommen. Und er hat immer recht bekommen. Victor Lyon pflegte zu sagen: »An einem Baisse-Tag mache ich mehr Geld als in dreißig Tagen des Kursanstiegs.«

Neben den »Intellektuellen«, die ihre Spekulation auf Überlegungen stützen, gibt es auch psychologische Baissiers. Dieser Typus hat keine Ahnung, ob die Papiere überbewertet oder unterbewertet sind, er kümmert sich auch nicht recht darum. Seine Entscheidung, Baissier zu werden, hat rein (individual-)psychologische Gründe: die Überbewertung des Geldes, das man »cash« in der Tasche hat, etwa (ich selbst war früher ein Exemplar dieser Gattung, wie ich oben beschrieben habe). Oder jemand, der am Magen leidet und deshalb immer schlecht gelaunt ist, wird niemals ein Haussier sein.

Mein erster Kunde überhaupt, den ich an der Börse hatte, war solch ein »psychosomatischer« Baissier. Börsenrat Gustav Hofmann, ein guter Freund meines Vaters, nannte sich zwar Bankier, aber sein einziger Kunde war er wohl selbst. Hofmann spielte grundsätzlich auf Baisse. Eines Tages kam er nach Paris zu Besuch, ich nahm ihn mit zur Börse, um ihm einiges zu erklären. Die Kurse waren sehr stabil, und er fragte mich, wie die Aktie der »Paris-Bas« stünde. Ich nannte ihm den Kurs, und seine spontane Antwort war: »Zu hoch! Das ist ein frivoler Kurs.«

In ihren materiellen Interessen stehen sich Bullen und Bären ebenfalls entgegen. Der Ausgang des Kampfes hängt dennoch nicht von der Stärke der beiden ab, sondern, wie beschrieben, von vielen politischen, wirtschaftlichen und psychologischen Faktoren, von Imponderabilien verschiedenster Art.

Die Bulls können sich nicht einmal vorstellen, daß Kurse auch zurückgehen können. Kurssteigerungen erscheinen ihnen normal und selbstverständlich. Einen Kurssturz halten sie für unmöglich. Jedoch verträgt der Haussetrottel eher Verluste, wenn die Börse zurückgeht, als versäumte Gewinne, wenn sie steigt und er nicht dabei ist. Der Bär dagegen sucht in einer fast perversen Sehnsucht nach dem Schmerz, aber nach dem Schmerz anderer. Er wurde einmal von einem Börsendichter mit folgenden Reimen definiert: »Der Baissier wird von Gott verachtet, weil er nach fremdem Gelde trachtet!« Das stimmt auch, denn er kann nur dann Geld machen, wenn die anderen durch den Kurssturz ihrer Aktien Verluste erleiden, während der Haussier dank des Wachstums eines Unternehmens von höheren Kursen profitiert, ohne dadurch anderen Schaden zu verursachen. Der Baissier triumphiert, wenn die anderen klagen, denn erfahrungsgemäß sind unter hundert Börsenprofis nur fünf Baissiers. Wenn dann der Krach kommt, auf den der Bär spekuliert, kann er mit Wilhelm Busch lächeln: »Ist fatal!« – bemerkte Schlich – »Hehe! Aber nicht für mich.«

Die Käuze wiederum kümmern sich nicht darum, was Bullen und Bären tun. Sie haben ihre eigene Welt, so etwa die theoretischen Spieler. Diese Spezies kauft und verkauft, aber nur in Gedanken. Sie verbucht Gewinne und Verluste nur im Kopf, die Brieftasche spürt nichts davon. Aber diese Spieler fühlen sich glücklich, wenn sie einen theoretischen Gewinn einstreichen.

Dann gibt es Wochenendspieler, die nur freitags Papiere kaufen, wenn an diesem Tag die Börse fest ist, da sie sicher sind, daß das Publikum nach einem optimistischen Wochenende am Montag sich zum Kauf entschließt. Ich habe noch keine Millionäre unter ihnen gefunden. Dann gibt es wieder andere, die sich nur mit Aktien von Pleitegesellschaften befassen, die man im Börsenjargon »feuchte Füße« nennt. Sie meinen, es könnte doch ein Wunder geschehen. Es geschah hier und da. Immerhin konnte man solche Aktien noch als Dekoration verkaufen.

Auch in Fragen des Appetits sind die Profis verschieden. Es gibt Bescheidene und Vorsichtige, die meinen: »Sicher ist sicher.« Mit kleinen Gewinnen sei noch niemand zugrunde gegangen, sagen sie und laufen mit zehn Prozent Profit glücklich davon.

Und dann gibt es ambitionierte Spekulanten, die nur aufs große Los hoffen und propagieren: Wer das Kleine zu sehr ehrt, ist des Großen nicht wert. Sie haben ja recht. Wenn man sich schon in Sachen wie die Börse einläßt, dann soll es sich doch wenigstens lohnen. So dachten schon die frommen Juden: »Wenn schon Schweinefleisch, dann muß es von Fett triefen.«

Am häufigsten aber sind die Glückspilze, die immer richtig lagen. Die meisten Börsianer haben leider die häßliche Eigenschaft, herumzuprotzen, wenn ihre Papiere um ein paar Punkte gestiegen sind. Mit dem Gewinn geben sie an, den Verlust verschweigen sie. Sie haben alles vorausgesehen und wiederholen: »Ich habe es dir doch gesagt!« Sie haben immer zum niedrigsten Kurs gekauft und beim höchsten verkauft und halten sich für Genies. Ich halte sie für Lügner.

Und viele Broker sind gleichsam aus Gründen der Werbung Angeber. Sie leben auf großem Fuß, geben viel Geld, auch für die Toiletten ihrer Frauen aus, damit sie aller Welt zeigen können: Seht, wie erfolgreich ich bin!

Doch letztlich kann man – wie eingangs erwähnt – den ganzen Börsenzoo auf zwei Grundtypen reduzieren:

Pessimisten, Menschen mit einer Wuchererseele, der Harpagon-Typ (der Geizige), alle Magenkranken und schlecht Gelaunten sind die geborenen *Baissiers*.

Optimisten, Draufgänger, Abenteurer, auch Verschwender und Leichtsinnige, Romantiker, die die Bäume nur in den Himmel wachsen sehen (ihr Geld können sie gleichwohl verlieren), sie sind immer unter den *Haussiers* zu finden.

Eine ganz besondere Spezies: der Spekulant

Haussiers und Baissiers, Bears and Bulls – beide können sie Spekulanten sein. Aber dieser Bezeichnung sind nur wenige würdig. Es sind Börsianer, die ihr Vermögen – aber auch ihren Ruin – mit der Börse machen. Sie gehen Abenteuer ein und riskieren dabei die eigene Haut.

Und ein bürgerlicher Beruf ist das nun wirklich nicht: Spekulant. Eher schon eine Berufung. Der Spekulant hat seine wirtschaftliche Berechtigung und steht im Dienste des freien kapitalistischen Systems, auch wenn er zum Sozialprodukt nichts beiträgt. Er steht irgendwo in der Mitte zwischen Investoren und Börsenspielern und ist quasi eine Mischung aus beiden: Der notwendige bewegliche Geldanleger, der seine Anlagen stets an die zyklischen Schwankungen von Preisen oder Kursen anpaßt.

Welch ein merkwürdiger Mensch ist dieser Homo speculator. Er wird als Spekulant geboren, wie man als Philosoph geboren wird, sei es auch nur als Miniphilosoph. Der Spekulant hat – mehr als andere Menschen – Ideen, Einfälle und Visionen und erwägt pausenlos die Pros und Kontras der Dinge, die ihm begegnen, zieht daraus Konklusionen und kauft oder verkauft irgendeine beliebige Aktie. War seine Überlegung richtig, bekommt er seinen Lohn (von der Börse);

war sie falsch, zahlt er (der Börse) eine Geldstrafe. Das ist die Essenz der Spekulation.

Unter Visionen verstehe ich eine außerordentliche, nonkonformistische Idee, die zwar zunächst unwahrscheinlich erscheint, über die sich das Börsenpublikum lustig macht, die aber dann doch wahr wird.

Der Spekulant braucht Erfahrung, um immer wieder analoge Situationen ins Gedächtnis zurückrufen zu können. Der große Erfinder Thomas Edison prägte den Satz: »Jede Entdeckung besteht aus zehn Prozent Inspiration und 90 Prozent Transpiration«, das heißt auf die Börse übertragen: 90 Prozent Erfahrung, die man sich »erschwitzen« muß. Der Spekulant addiert, subtrahiert und multipliziert schon nahezu unbewußt. Wie ein Schriftsteller an seinem Roman, wie ein Musiker an seinem Thema, so arbeitet der Spekulant an seiner Idee.

Nachdem er die Melodie gefunden hat, setzt er sie in Form, harmoniert und instrumentiert sie. Und wie der Dirigent die fertige Sinfonie, so führt der Bankier an der Börse die Transaktionen seines Spekulanten-Kunden aus.

Was muß ein Spekulant zur Ausübung seines Handwerks wissen? Edouard Herriot sagte einmal: »Die Kultur ist das, was übrigbleibt, wenn man alles schon vergessen hat.« Ähnlich ist es mit dem Börsenwissen. Es ist das, was übrigbleibt, wenn es einem gelungen ist, Einzelheiten zu vergessen, Bilanzen, Dividenden, Jahresberichte und Statistiken: Computerwissen. Ein ungarischer Spruch, der auch für den Spekulanten gilt, lautet: »Ein guter Priester lernt bis zu seinem letzten Tag.«

Der Spekulant soll keine Enzyklopädie sein. Er muß lediglich Zusammenhänge im rechten Augenblick erkennen und entsprechend handeln. Er muß nicht viel wissen, aber schlechthin alles verstehen. Kurz, er muß ein Denker sein.

Welch ein fürstlicher Beruf! Keine Angestellten, kein Chef. Kein Zwang zu freundlichem Lächeln, kein Hin- und Herhandeln, keine nervösen Kunden wie bei Bankiers und Maklern. Ein Edelmann, der über seine Zeit frei verfügt, eingehüllt in den Rauch seiner Zigarre, bequem im Sessel sitzend, denkt er nach, fern vom Lärm der Geschäftemacher. Seine Werkzeuge: Telefon, Radio und Zeitungen, die er freilich zu lesen weiß – zwischen den Zeilen.

Sage aber niemand, daß ein solcher Börsianer ein Magier sei, allein seiner Intuition vertrauend. John Maynard Keynes, zum Lord erhoben und sicherlich der größte Nationalökonom unseres Jahrhunderts, war ein passionierter Spekulant. Unter sein Porträt im Weltausstellungspavillon bei der Expo 67 in Montreal, wo die größten Söhne Großbritanniens gewürdigt wurden: Shakespeare, Sir Isaac Newton, Francis Bacon, hatte die britische Regierung eine Laudatio setzen lassen: »J. M. K., dem es gelungen ist, ohne Arbeit ein Vermögen zu erwerben.«

Man hätte dem Beruf des Spekulanten kein größeres Kompliment machen können. Kein Wunder, daß er von vielen beneidet, wenn nicht sogar neidvoll gehaßt wird.

Die angelsächsische Tugend des Spekulierens (sie wird allerdings auch von lateinischen Völkern keineswegs verachtet) hat bei den Deutschen noch immer einen eher anrüchigen Ruf. Sogar die Börse wird hier nur als ein Markt für die Aktien und nicht als der Tempel der Spekulation betrachtet – obwohl eine Börse ohne Spekulation ihres Namens nicht würdig ist. Böse Zungen behaupten, der Teufel habe die Börse erfunden, um den Menschen zu beweisen, daß sie wie Gott aus dem Nichts auch etwas schaffen könnten. Falsch. Nicht der Teufel hat die Börse erfunden. Sie ist spontan entstanden unter einem Baum, an der Straßenecke oder in einem Kaffeehaus, bis sie in ein Palais eingezogen ist, wo auch die Regeln und Usancen der Börsentransaktionen festgelegt wurden.

Der Werdegang der Spekulanten – wie auch immer sie aussehen – begann jedenfalls gleich. Ungefähr so, wie ein unschuldiges Mädchen manchmal zum ältesten Beruf der Menschheit gelangt: Zuerst ist es Neugier, dann Vergnügen, Leidenschaft sogar, und zum Schluß nur noch Geldgier. Ich bin glücklicherweise erst in der zweiten Phase. Noch immer ist die Börse für mich eine Leidenschaft.

Neunte Vorlesung:

Unternehmer, Kunden und andere Schlawiner

Manchmal ziehe ich bei meinen Börsenentscheidungen auch ganz persönliche Erfahrungen in Betracht. Ich möchte zunächst von einem aufschlußreichen Erlebnis mit der amerikanischen Telefongesellschaft AT & T berichten, die damals noch A. T. T. genannt wurde und ein De-facto-Monopol in den Vereinigten Staaten genoß.

1960, nach einer Reise in den Orient, wohin wir Journalisten Präsident Eisenhower begleitet hatten, blieb ich mit einer Grippe in New Delhi liegen. Somit kehrte ich später als geplant nach New York zurück. Meine Post hatte sich in New York angehäuft. Ich fand in meiner Wohnung einige Kilo Briefe und darunter eine Rechnung der Telephone Company über 8 Dollar 31 Cents, seit zwei Monaten unbezahlt. Mein Telefon war außer Dienst, eine wahrhafte Katastrophe für einen Spekulanten.

Natürlich rannte ich in die nächste Telefonzelle, um die zuständige Stelle anzurufen. Ich präsentierte meine Entschuldigung, erklärte, daß ich den Scheck schon eingesandt habe, und bat um sofortige Wiederinbetriebnahme meines Anschlusses. In einer Sekunde hatte mein Gesprächspartner mein Dossier vor sich – die Computer arbeiten schnell –, und groß war mein Erstaunen, als ich folgende Rede anhören mußte: »Nicht so schnell, Mister Kostolany. Es genügt nicht, Ihre Schulden zu bezahlen; wer nicht pünktlich zahlt, hat bei uns seinen Kredit verloren. Um Ihre Linie herzustellen, müssen Sie ein Garantiedepot von 200 Dollar einrichten, damit sich solche Fälle nicht wiederholen. Außerdem werden Sie 14 Tage warten müssen.« Durch meine verzögerte Rückkehr war ich schon genügend nervös (vielleicht war auch die Börse schwach); es fehlte nicht mehr viel, und ich wäre explodiert. Ich empfand das Ganze als persönliche Beleidigung. Und was macht ein Börsianer ohne Telefon? 14 Tage schienen mir eine Ewigkeit.

Ich entschloß mich sofort, die große Schlacht meines Lebens zu schlagen, den Kampf Davids gegen Goliath Telefon. Ich schärfte also meinen Degen, d. h. meine Zunge und erwiderte in aggressivstem Ton: »Sie machen also Diskriminierungen unter Ihren Abonnenten. Ohne genauere Prüfung ziehen Sie Rückschlüsse in puncto Kreditwürdigkeit eines alten Kunden, nur weil er eine Rechnung von lumpigen 8 Dollar 31 mit Verspätung bezahlt. Sie wollen mir auf die Finger klopfen wie einem Kind, um mich zur Disziplin zu erziehen?«

»Das sind unsere Vorschriften«, kam die strenge Antwort vom anderen Ende des Drahtes.

»Gut«, erwiderte ich jetzt ironisch, herablassend und zu gleicher Zeit auch gehorsam. »Ich werde Ihnen also die 200 Dollar einschicken. Warum fordern Sie nicht 500 oder 5000 Dollar? Die müßte ich ja auch bezahlen, was könnte ich sonst tun? Sie sind das Riesenmonopol und ich der kleine Normalverbraucher. Wenn es noch eine andere Telefongesellschaft gäbe, könnte ich leicht sagen, zum Teufel mit euch, ich gehe zur Konkurrenz.

Aber diese existiert ja nicht, und da man in New York ohne Telefon nicht leben kann, muß ich kapitulieren, und so wird der kleine Mann vom Riesenmonopol zerschmettert. Ich werde meinen Senator und meinen Kongreßmann fragen, wie sie darüber denken.«

Die vorher so energische Stimme klang auf einmal sanft und sagte beschwichtigend: »Bitte, bitte, Mister Kostolany, nehmen Sie es nicht so tragisch, wir werden sofort nachprüfen.« Und nach einer Minute hörte ich ein Tremolo: »Seien Sie versichert, mein Herr, wir werden alles tun, um Sie zufriedenzustellen. Morgen früh wird unser Techniker zu Ihnen kommen, um Ihr Gerät wieder anzuschließen. Wir verzichten auf das Depot, nur bitten wir Sie freundlichst, uns eine längere Abwesenheit mitzuteilen.«

Um 7 Uhr am nächsten Morgen kam der Techniker und stellte meinen Anschluß wieder her. Und ab 8 Uhr empfing ich einige Anrufe der Telefongesellschaft, ob alles in Ordnung sei. Auch in den folgenden Jahren konnte ich wiederholt feststellen, daß mich die Gesellschaft bevorzugt behandelte.

Wie jeder, der in Amerika lebt und ein paar Dollar anlegen kann, hatte ich auch immer Aktien der A. T. T. Nicht mehr jedoch nach diesem Abenteuer. Denn bei einer Gesellschaft, die sogar ich einschüchtern kann, bleibe ich gerne Kunde, aber niemals Partner.

Die großen Unternehmen und ich

Das war in Amerika. In der Bundesrepublik machte ich später ganz andere Erfahrungen mit großen Unternehmen, und zwar oft nicht besonders schmeichelhafte. Denn je größer, angesehener und mächtiger eine Firma ist, als desto kleinlicher und knauseriger entpuppt sie sich oft.

Etwa Siemens. Die PR-Abteilung dieses Unternehmens bat mich einmal um ein Vorwort zu einem neuen Btx-Katalog. Innerhalb von 14 Tagen sollte ich mein Manuskript abliefern; ein Honorar von 5000 DM wurde vereinbart. Ich erfüllte den Auftrag mit absoluter Pünktlichkeit. Der zuständige Direktor rief mich daraufhin an: Man sei sehr zufrieden, und der Scheck würde zum Monatsende bei mir eintreffen.

Eine Woche später erhielt ich einen weiteren Anruf: Man nähme in den Katalog auch gerne ein Foto von mir auf, da er für Börsenteilnehmer gedacht sei, die mich aus Fernsehen, Rundfunk und Presse kennen. »Bitte«, war meine Antwort, »rufen sie *Capital* an, dort hat man Hunderte von Porträts. Wählen Sie doch eines der weniger mißlungenen aus, auf dem ich etwas jünger ausschaue!« Doch Siemens wollte ein ganz bestimmtes Foto haben, das in einem anderen Magazin erschienen war. Warum sie sich darauf versteift hatten, weiß ich bis heute nicht. Jedenfalls war meine Antwort: »Gut, nehmen Sie sich, was Sie wünschen.« Darauf folgte ein erneuter Einwand: »Der Fotograf verlangt leider ein Honorar von 500 DM. Da dies den Rahmen unseres Budgets sprengt, möchten wir Sie um Ihr Einverständnis bitten, den Betrag von Ihrem Honorar abziehen zu dürfen.« »Machen Sie Scherze?« erwiderte ich, »Sie wollen mein Porträt für Werbezwecke verwenden und verlangen von mir, dafür zu bezahlen, wo doch eigentlich ich eine Lizenzgebühr erhalten sollte. Wo haben Sie diese Geschäftspraktiken gelernt? Ich halte dies für eine Zumutung; in jedem Falle habe ich ein wunderbares Thema, über das ich einmal mit Vergnügen schreiben werde.«

Natürlich habe ich über den Vorfall in der Presse nie berichtet, aber hier in meinem Buch, nach so vielen Jahren, kann ich es mir nicht verkneifen.

*

Zu Ehren meines siebzigsten Geburtstages richtete mein Freund Johannes Gross ein großes Abendessen aus. Es waren vielleicht vierzig Gäste geladen, allesamt Manager großer Firmen, deren Jahresumsatz viele Milliarden beträgt. Einer meiner Tischnachbarn war der Direktor des Riesenunternehmens Dr. Oetker. Um Konversation zu machen, erzählte ich ihm, wie gut ich mich noch an die Werbeslogans erinnere, mit denen in meiner Jugend für Dr.-Oetker-Backpulver geworben wurde. Denn dieses Produkt war in Ungarn bereits zu Anfang des Jahrhunderts sehr populär.

Einige Wochen später bekam ich einen sehr lieben Brief von ihm, in dem er mir vorschlug, in der Firmenzeitschrift einen Artikel über meine Jugenderinnerungen an die segensreiche Backhilfe zu veröffentlichen. Er machte mich gleich darauf aufmerksam, daß nur ein kleines Budget zur Verfügung stände, und bat mich, meine Honorarvorstellungen dieser Tatsache anzupassen. Ich schrieb ungefähr wie folgt zurück: »Im Augenblick ist meine Zeit sehr stark in Anspruch genommen, so daß ich noch nicht sagen kann, wann ich auf Ihr freundliches Angebot zurückkommen werde. Da Sie sich aber offenbar in Liquiditätsschwierigkeiten befinden, mache ich Ihnen schon vorsorglich den Vorschlag, mich nicht bar, sondern in Naturalien zu entlohnen. Darunter will ich keinen Waggon Backpulver verstanden wissen; mir ist aber bekannt, daß der Firmeninhaber auch das herrlichste Restaurant der Welt besitzt, das ›Eden-Roc‹ in Cap d'Antibes an der Côte d'Azur. Da ich selbst eine Villa kaum zehn Minuten entfernt besitze, wäre es doch nett, wenn Sie mir mein Honorar in Form eines Kredits gewähren würden, den ich dort dann nach und nach aufzehren könnte.« Ich bekam prompt eine Antwort auf meinen Vorschlag: Er gefalle ihnen sehr, um so mehr, als Herr Oetker mich schon immer einmal zum Mittagessen im »Eden-Roc« hatte einladen wollen. Es war offensichtlich, daß man meinen Brief nicht so recht verstanden hatte. Ich hielt es für klüger, überhaupt nicht darauf zu antworten.

*

Der Direktor der Filiale der Deutschen Bank in Wuppertal machte mir am Telefon den Vorschlag, dort einen Vortrag zu halten. Wir sprachen nicht über ein Honorar, da ich es für selbstverständlich hielt, daß die Deutsche Bank keine Gratisdienstleistungen erwartet. Ich hatte schon für andere Filialen dieses größten deutschen Kreditinstituts Vorträge gehalten, so daß die Wuppertaler über meine Konditionen informiert sein mußten. Am vereinbarten Abend wurde ich vom örtlichen Direktor feierlich und mit großem Tamtam empfangen und hielt programmgemäß meine »Vorlesung« über Finanzwesen und Börse.

Eine Woche später erhielt ich einen Scheck über – 500 DM! Natürlich, damals waren 500 DM mehr wert als heute, aber doch nicht mehr als das Äquivalent einer

Dinnerparty mit fünf Gästen. Ich bat also die Bank freundlich, wie es meine Art ist, die Differenz von 2500 DM zu meinem damals üblichen Honorar zu begleichen. Darauf erhielt ich eine Antwort, die ich nicht vergessen werde – nicht etwa vom Direktor, sondern von der juristischen Abteilung. Ich habe den Brief allein deswegen bisher nicht veröffentlicht, weil ich eigentlich einen gewissen Respekt für die Deutsche Bank empfinde. Die jungen Juristen schrieben mir etwa in dem Sinne, daß sie empört seien über meine Frechheit, überhaupt Forderungen zu stellen, anstatt geschmeichelt zu sein, vor einem solch vornehmen Publikum wie dem der Deutschen Bank (ich nehme an, Hausfrauen, Zahnärzte usw.) referieren zu dürfen und zusätzlich noch für mein soeben erschienenes Buch (»Geld, das große Abenteuer«, ein Taschenbuch für 9,80 DM) Werbung machen zu können. Wenn ich von meinen Forderungen nicht Abstand nähme, würden sie die Direktion davon unterrichten, damit man in Zukunft wisse, mit wem man es zu tun habe.

Der Brief war mehr als eine Frechheit, er war eine Erpressung. Ich wußte nicht einmal, wie ich auf so eine Unverfrorenheit reagieren sollte. In meiner Verstörung erzählte ich die ganze Geschichte einem guten alten Freund, Dr. Horst Schmitz, damals Redakteur bei *Capital*. Er war so empört, daß er sich dazu entschloß, dem damaligen Vorstandssprecher der Deutschen Bank, Dr. Christians, von der Sache zu berichten. 48 Stunden später bekam ich ohne Kommentar den Scheck mit der erwähnten Summe zugeschickt.

Ich hielt auch später Vorträge bei der Deutschen Bank, einmal sogar gratis vor Trainees in München, veranstaltet von meinem treuen jungen Freund und Schüler Peter von Quadt, der selber Trainee war. Es war für mich ein Vergnügen, den jungen Leuten von meinen Börsenerfahrungen zu berichten, und ich glaube, sie waren auch sehr zufrieden und lernten etwas dazu.

*

Nach einem meiner Seminare trat ein junger Mann von der Bausparkasse der Westdeutschen Landesbank zu mir und stellte mir die Frage, ob ich bereit sei, für die hauseigene Werbezeitschrift einen schönen Artikel über Eigentumswohnungen zu schreiben. Die Schrift wurde an eine Million dreihunderttausend Haushalte verteilt. Ich sagte ihm, ich könne nichts Neues verfassen, aber vor einigen Monaten sei in einem Wirtschaftsmagazin ein wunderschöner, fast sentimentaler Artikel über Eigentumswohnungen aus meiner Feder erschienen, der mir beim Wiederlesen noch heute die Tränen in die Augen treibe. Ich müßte also annehmen, daß der Text eine passable Werbung für diese Anlageform darstelle. Sie sollten sich einfach um die Nachdruckgenehmigung bemühen, ich gäbe hiermit meine Zustimmung.

Einige Wochen später rief die WestLB an: Alles in Ordnung, ich möge doch nur noch einige kleine Änderungen vornehmen, damit der Artikel ihren Zwecken noch besser entspräche. Auch ein Foto wollten sie haben; und für meine Veröffentlichung erhielte ich selbstverständlich ein Honorar.

Das traf dann auch ein: 300 DM – für einen millionenfach verbreiteten Artikel! Ich schickte den Scheck mit einem Begleitbrief zurück, den sie sich sicher nicht eingerahmt haben: »Bin ich so tief gesunken, daß man mich mit einem Trinkgeld abspeist?« lautete der Tenor. Zur Illustration führte ich gleich zwei Anekdoten an. Die eine:

Mein Freund, der berühmte ungarische Schriftsteller Franz Molnár, eher Geizhals als Spender, spazierte in Karlsbad auf der alten Wiese. Ein Mann näherte sich ihm: »Herr Molnár, entschuldigen Sie, daß ich Sie anspreche. Ich bin auch aus Ungarn, heiße Kovacs und bin in großen Nöten. Ich bitte Sie um eine Unterstützung.« Franz Molnár zog aus seiner Tasche einen Geldschein von zwanzig Kronen hervor und gab ihn dem Pumper. »Was«, sagte der aggressiv, »ein Molnár gibt zwanzig Kronen?« »Nein«, antwortete mein Freund ruhig, »einem Kovacs gibt man zwanzig Kronen.« – Meint die Westdeutsche Landesbank, ich sei ein Kovacs?

Die andere Anekdote (von den vielen, die ich noch in Reserve hätte): Der größte Star der französischen Klassik (Molière, Racine) verließ in den zwanziger Jahren das Nationaltheater für die Folies Bergères, das berühmt-berüchtigte Revuetheater. Als sie zum ersten Male mit Pailetten und Riesenfedern geschmückt eine endlose Treppe heruntergeschritten, von dem großen Orchester begleitet, und langsam unten angekommen war, drehte sie sich um und deutete auf die Treppe mit den Worten: »L'ai je le bien descendu?« Zu deutsch: »Bin ich gut heruntergekommen?« (Sie meinte von der Comédie Française zu den Folies Bergères.)

»Nun«, schrieb ich in meinem Brief, »hätten Sie mir eines Ihrer Werbegeschenke geschickt, einen Kugelschreiber, Schlüsselanhänger oder Aschenbecher, so hätte ich ja nichts gesagt; aber die beleidigende Summe von 300 DM? Wenn meine Freunde von diesem Scheck erfahren, werden sie mich auslachen oder bemitleiden. Übrigens erhält Herr Poullain, der allmächtige Präsident Ihrer Bank, eine Kopie dieses Schreibens.«

Nach mehreren Wochen ohne Antwort traf dann eines Tages ein Geschenk von der WestLB ein: ein sehr schönes altes Buch über Finanzen und Banken. Sie hatten wohl von meiner Sammelleidenschaft erfahren und so das Problem doch noch ritterlich gelöst.

Geschichten von Großindustriellen

Soweit meine persönlichen Erfahrungen mit großen Unternehmen. Zwei, drei Geschichten möchte ich in diesem Zusammenhang noch erzählen, in denen ich aber keine Hauptrolle spiele.

Das Unternehmen Csepel auf der Csepelinsel in der Donau bei Budapest war im 19. Jahrhundert von Manfred Weiss gegründet worden, der später zum »Baron Weiss« geadelt und auch »der stahlharte Mann« genannt wurde. Er war ein genialer Industrieller, der das Unternehmen von der anfänglichen Produktion von Konservenbüchsen in alle metallurgischen Geschäftsbereiche hinein erweiterte; heute ist es ein Industrieimperium. Während des Ersten Weltkriegs war Manfred Weiss einer der größten Munitionslieferanten für die Armee. Nach dem Krieg, als Ungarn sich in einer mißlichen Lage befand, hat er sich in einer Art patriotischer Depression das Leben genommen. Zahlreiche Kinder und Enkelkinder überlebten ihn (ich kannte und kenne sie persönlich), doch sein Imperium wurde unter kommunistischer Herrschaft verstaatlicht.

Einer der Enkelsöhne des Firmengründers reiste aus dem französischen Exil häufig nach Budapest, und man sagte, er hätte dort eine Liebesaffäre. Bei einer seiner Reisen hatte er die unglückliche Idee, das alte Familienunternehmen zu besuchen. In der Eingangshalle fragte ihn der Pförtner nach seiner Identität, und er gab sich als Enkel des Gründers Baron Weiss zu erkennen. Die Nachricht verbreitete sich schnell, daß ein Weiss-Erbe in der Fabrik zu Besuch sei. Scharen von Arbeitern liefen neugierig zusammen; es entwickelte sich ein sehr lebhaftes Gespräch, wobei es an aggressiven Bemerkungen beider Seiten wahrscheinlich nicht fehlte.

Es war ein unglücklicher Besuch, und als er dann die Fabrik verlassen hatte, sagte einer der Arbeiter zu dem Gewerkschaftsvorsitzenden: »Man müßte dem Weiss eigentlich verbieten, hierherzukommen.« »Nein, nein«, erwiderte der Gewerkschafter, »sie sollen nur kommen, damit alle Kollegen sehen, was für ein Trottel heute Chef wäre, wenn wir die Fabrik nicht verstaatlicht hätten!«.

Ein anderer Firmenbesuch verlief erfreulicher für den früheren Chef. André Citroën, der aus einer armen jüdischen Familie stammende Gründer der gleichnamigen Autofirma, war in den zwanziger Jahren in Frankreich fast ein Symbol für den wirtschaftlichen Erfolg, sozusagen der Iacocca seiner Zeit. Doch nicht jeder kannte ihn persönlich. Als er einmal über die Grenze von Spanien nach Frankreich fuhr, fragte ihn der Zöllner nach seinem Namen. »Citroën«, war die Antwort, worauf ihn der Beamte anherrschte: »Ich habe Sie nicht nach der Marke Ihres Wagens gefragt, sondern nach Ihrem Namen!«

André Citroën war ein genialer Geschäftsmann und

auch bei seinen Arbeitern außerordentlich beliebt wegen der menschlichen Wärme und Großzügigkeit, mit der er ihnen entgegentrat. Leider verlor er sein Unternehmen buchstäblich am grünen Tisch, im Spielkasino von Deauville, und starb als armer Mann. Wie es dazu kam, erzähle ich in einem späteren Kapitel.

In den dreißiger Jahren, als er bereits keinen Heller mehr besaß, besuchte er einmal die von ihm gegründete Fabrik. In Windeseile verbreitete sich die Nachricht, daß »Monsieur André« auf dem Firmengelände sei. Die Arbeiter kamen auf den Hof gelaufen, um ihm die Hand zu drücken und ihn zu feiern. In der oberen Etage saß ein Mitglied der Familie Michelin, der neuen Besitzer. Überrascht vom Radau, fragte er einen Aufseher, was dort unten los sei. »Monsieur André ist da, und die Arbeiter feiern ihn«, war die Antwort. Michelin war verärgert und setzte sofort einen Brief an André Citroën auf, in dem er ihn aufforderte, nicht mehr in die Fabrik zu kommen, da seine Popularität die Arbeit behindere.

Ein anderer genialer französischer Industrieller war Marcel Dassault, der größte Flugzeughersteller des Landes und Vater so berühmter Serien wie Mirage, Mystère usw. Als er neunzig Jahre alt wurde, schenkte er die Hälfte seines Unternehmens dem Staat, aber unter der Bedingung, weiter in seinem Unternehmen tätig sein zu können.

Charakteristisch für seine Person ist die folgende Geschichte. Madame Dassault wurde gekidnappt . . . Der Entführer forderte ein Lösegeld von umgerechnet drei Millionen Mark. Als Journalisten ihm die Frage stellten, was er nun zu tun gedächte, bewies er seine übliche Gelassenheit: »Ich werde bezahlen müssen.«

Doch er war zeitlebens ein Glückspilz (ein autobiographisches Buch von ihm trägt den Titel »Talisman«). Man fand seine Frau, die in einem Haus in Fontainebleau festgehalten worden war, noch vor der vereinbarten Geldübergabe. Der Erpresser namens Casanova wurde wenig später gefaßt. Madame Dassault bat die Justizbehörden, ihn nicht zu streng zu bestrafen, er habe sich ihr gegenüber äußerst korrekt verhalten. Und ihr Mann spendierte dem Gangster für den Tag seiner Haftentlassung einen Betrag als Starthilfe für den Beginn eines neuen Lebens.

Dassault war sehr populär und großzügig und ein komischer Kauz. Er hatte ständig 500-Francs-Banknoten in der Tasche und verteilte sie an alle Bedürftigen. Immerhin war er der reichste Mann Frankreichs, außerdem ein Wahlverwandter, nämlich ein begeisterter Börsenspekulant. Er war der einzige Kunde einer amerikanischen Brokerfirma in Paris, der er im Handumdrehen den Auftrag gab, hunderttausend Aktien zu kaufen oder zu verkaufen. Der Broker konnte von ihm alleine gut leben.

Wie gesagt, ein komischer Kauz. Seine Sommerferien verbrachte Dassault immer im Palace Hotel in Gstaad in einer großen Suite, mit ihm kamen Dutzende von Mitarbeitern und Freunden. Über vierzig Jahre hatte er dort jeden Sommer denselben Masseur, der sich eines Tages am Ende der Saison von ihm verabschiedete. Ihm sei aus Altersgründen gekündigt worden. »Dabei werden wir es nicht belassen«, sagte Dassault. Er stellte den Direktor zur Rede und fragte ihn, warum man seinen Lieblingsmasseur entlasse. Er sei zu alt, war die Antwort. »Wie alt?« fragte Dassault. »Zweiundsiebzig.« »Das nennen Sie alt? Ich bin vierundneunzig«, gab Marcel Dassault zurück und fügte hinzu, daß er mit seinem ganzen Gefolge das Hotel verlassen würde, wenn man dem Masseur kündige. Natürlich brauchte er auch in den folgenden Jahren nicht auf dessen Dienste zu verzichten.

Dassault war auch Besitzer einer großen Illustrierten, für die er mich um eine regelmäßige Börsenkolumne bat. Doch daraus wurde nichts, denn das Magazin wurde kurz darauf in eine reine Modezeitschrift umgewandelt, in der sich meine Betrachtungen etwas verloren ausgenommen hätten. Wie man mir später sagte, sei es eine große Auszeichnung für mich gewesen, daß er einmal zwei Stunden mit mir »ratschte«, denn normalerweise langweile er sich sehr schnell.

Dassault war jüdischer Herkunft und hatte mehrere Jahre im Konzentrationslager Buchenwald verbracht, später ließ er sich von seinem guten Freund Père Riquet, einem katholischen Priester, taufen. Er wurde in der Kirche St. Louis des Invalides beigesetzt. Ich behalte ihn in meiner Erinnerung als einen nicht nur klugen, sondern auch sehr liebenswürdigen alten Herrn.

Der Kunde, also der Feind

Ein berühmter französischer Spruch an der Börse lautet: »Le client, voilà l'ennemi« (Der Kunde, also der Feind). Im allgemeinen Geschäftsleben gilt meist: »Der Kunde ist König«, aber in der Finanzwelt trifft der französische Spruch eher zu.

Natürlich habe ich in meinem Leben auch viele Erfahrungen mit Kunden gesammelt, in jeder Hinsicht. Was man da alles erleben kann! Kunden zu werben ist eine große Kunst, und sie erfordert viel psychologisches Geschick und Einfühlungsvermögen. In meinem Börsenleben habe ich es mit rund 600 Kunden zu tun gehabt; in meinen jungen Jahren, bevor ich Spekulant auf eigene Rechnung wurde, war ich ja als Makler tätig. Unter den 600 Kunden waren solche, die täglich Geschäfte machten, und andere, die nur einmal im Jahr eine Transaktion vornahmen. Es gab darunter sehr interessante und pittoreske Persönlichkeiten, aber auch absolut uninteressante, farblose Alltagsmenschen.

Mein Bekanntenkreis reichte von Taschendieben bis zu Mitgliedern königlicher Familien, von Freudenhausbesitzern bis zu Kirchenfürsten. In solch einem Varieté kommt man mit vielen Menschen zusammen, und davon bleiben einige auch als Kunden hängen – oder es sind solche, die zwar keine Kunden werden, aber Kunden vermitteln. Einer von der zweiten Sorte, ein Ungar, war den ganzen Tag auf Kundenfang, sei es für Tanzlokale, Nachtclubs oder Spielhöllen. Es gab in Paris in jener Zeit viele private Spielkasinos, für die sogenannte Schlepper tätig waren.

Der Ungar, ein primitiver, aber braver Bursche, dem man nichts nachsagen konnte, wollte seine Position bei dem Kasino stärken, für das er arbeitete. Da ich viel in Europa herumreiste, bat er mich, von den Luxushotels aus Post an ihn zu schicken, mit der Andeutung, ich werde bald nach Paris kommen – natürlich immer unter einem anderen Namen. Auf einen solchen Brief bekam er sofort einen Vorschuß von 100 Francs, denn es war selbstverständlich, daß er seine Freunde ins Kasino lotsen würde. Aus Spaß schrieb ich ihm einmal einen Brief aus dem Palace Hotel in St. Moritz mit folgendem Text: »Lieber Freund, ich komme bald nach

Paris und hoffe Sie dort zu sehen. Vergessen Sie nicht, für Unterhaltung zu sorgen und ein gutes Kasino zu finden. Sie wissen, wie sehr ich den Nervenkitzel liebe.« Dieser Brief war in seinen Händen viel wert, bestimmt 300 Francs. Wir ungarischen Schlawiner halten doch zusammen! Der eine schleppt die Kunden ins Kasino, der andere verführt sie zu Börsenspekulationen. So groß ist der Unterschied manchmal nicht.

Eines Tages, es war Anfang der dreißiger Jahre, kam der Schlepper in mein Büro. Ich arbeitete damals bei einer sehr großen und vornehmen Maklerfirma, einer der einflußreichsten an der Pariser Börse. Er berichtete mir aufgeregt, daß er einen großen Kunden für mich habe, der stark an der Börse interessiert sei. Ich nahm die Sache nicht sehr ernst; welche Beziehungen konnte er schon haben? Dennoch versprach ich, mir den Kandidaten anzusehen.

Ich erinnere mich noch genau an den Tag, als ich meinen potentiellen Kunden im Pariser Grand Hotel kennenlernte, seinem ständigen Wohnsitz. Sein Name war A. J. Vyth, er war etwa 60 Jahre alt und stammte irgendwo aus dem deutsch-holländischen Grenzgebiet. In seiner Jugend hatte er in London gelebt, war in der Textilbranche tätig gewesen als Produzent und Händler und hatte ein großes Vermögen gemacht. Später mußte er sich jahrelang mit einem Steuerprozeß herumschlagen, den er zwar schließlich gewonnen hat, aber um den Preis seiner Gesundheit. Nach einem Nervenzusammenbruch verbrachte er Jahre in einem Sanatorium, bis er nach Paris in das genannte Grand Hotel zog.

Mein Ungar hatte recht: Der Mann war steinreich. In dieser Zeit, als die New Yorker Börse in der tiefsten Krise steckte, war sein Portfolio immer noch mehrere

Millionen Dollar wert, und dies bei den extrem tiefen Preisen. Heute wäre es unvorstellbar groß. Er war also ein sehr interessanter Kunde für einen jungen Makler wie mich. Wir sprachen über Politik und Börse. Vyth zeigte mir dann die Liste seiner Depots und erwartete von mir Vorschläge, welche Änderungen vorzunehmen wären. Der Ungar blieb ein stummer Zuhörer unseres Gesprächs, doch er wußte, daß er von mir großzügiger honoriert würde als von seiner Spielhölle.

A. J. Vyth war wohl von meinen Vorschlägen angetan, denn er eröffnete bei meiner Firma ein großes Konto und blieb bis zu seinem Tod Ende der dreißiger Jahre mein Kunde. Er war durch und durch krank und sehr zerbrechlich, dabei äußerst gescheit und klug. Ich hatte immer den merkwürdigen Eindruck, daß er irgendwie von mir fasziniert war, zu gleicher Zeit aber auch mißtrauisch, nicht nur mir, sondern der ganzen Welt gegenüber.

Da er von Wertpapieren nichts verstand, drohte er ständig, die Transaktionen scharf zu kontrollieren. Damit wollte er wohl sicherstellen, korrekt behandelt zu werden. Das war natürlich ein Scherz, denn der Agent de Change, der meiner Firma vorstand, wurde als »officier ministériel« (Ministerialbeamter) vom Präsidenten der Republik ernannt. Es war unmöglich, daß diesen Maklern, die bis vor einigen Jahren als die Aristokratie der französischen Finanzwelt galten, die kleinste Inkorrektheit unterlaufen konnte. Dennoch sagte Vyth ständig zu mir: »Sie ungarischer Schlawiner mit Ihren Schlitzohren [er hatte ein Foto von mir in seiner Brieftasche], ich lasse meinen Schwager Moritz Leviticus nach Paris kommen, und der wird alle Transaktionen in den Büchern auf das schärfste kontrollieren!«

Nun, eines Tages kam Leviticus tatsächlich nach Paris, beide suchten mich in meinem Büro auf und »kontrollierten auf das schärfste« alle Kurse und ob auch nichts verschwunden sei. Wie gesagt, ein Scherz. Aber nach dem Besuch seines Schwagers war mein Freund beruhigt.

Es gab einen anderen Stolperstein in unserem Verhältnis: Er war alt und krank, ich war jung und gesund. Ich mußte also versuchen, seinen unausgesprochenen Neid nicht herauszufordern und möglichst zu mildern. Er erwartete von mir, daß ich jeden Tag nach Börsenschluß auf ein paar Minuten bei ihm vorbeischaute, um ihm zu referieren. Bei diesen Gelegenheiten beklagte ich mich oft, hier oder da an Schmerzen zu leiden oder ganz schlecht geschlafen zu haben, kurzum, wie sehr ich doch zu bedauern sei. Das verschaffte ihm sichtlich Genugtuung.

Er war oft in London und logierte immer im Victoria Hotel, einer verstaubten alten Schachtel, die aber immer noch einen sehr guten Ruf besaß. Ich war manchmal zur gleichen Zeit in der Stadt, wohnte im Savoy, aber wenn er mich nach meiner Unterkunft fragte, gab ich die Adresse einer kleinen Pension in der Halfmoon Street an. Hätte er vom Savoy gewußt, wäre seine Reaktion gewesen: »Natürlich, von meinem Geld!« Zugegeben, er war ein guter Kunde, und ich habe anständig an seinen Transaktionen verdient.

Er engagierte sich auch in französischen Staatspapieren, die damals ständig emittiert wurden. Er zeichnete große Beträge bei jeder Emission, ich erhielt jeweils ein Prozent Kommission. Aber – ich mußte ihm jedes Mal einen Brief unterschreiben, in dem ich die Rückzahlung der Staatsanleihe garantierte. In dem Falle, daß der französische Staat eines Tages seinen Verpflichtungen nicht nachkäme, würde ich, André Kostolany, für den Staat eintreten. Und das war für ihn kein Spaß, er meinte es todernst.

Einige Jahre später ist er dann gestorben; ich habe ihm selbst bei der Beerdigung in Den Haag das letzte Geleit gegeben. In seinem Testament hatte er seine fünf Schwestern enterbt und sein ganzes Vermögen dem jüngeren Bruder, Hugo Vyth, einem totalen Dummkopf, überlassen.

Der schrieb mir einige Monate nach der Beisetzung, er habe unter den Dokumenten mehrere Schreiben gefunden, in denen ich für den französischen Staat garantiere. Da inzwischen der Franc abgewertet worden sei, fordere er mich auf, den entstandenen Verlust zu ersetzen. Natürlich habe ich auf den Brief nicht geantwortet. Es war mir zu dumm, ihm zu erklären, daß in modernen Zeiten, wenn der Staat bankrott ist, nicht die Zahlungen eingestellt, sondern die Währung abgewertet wird. Doch ich denke noch heute mit großer Sympathie an meinen Kunden und Freund A. J. Vyth, für den ich kreditwürdiger war als der französische Staat, trotz aller seiner Beschimpfungen, daß ich ein ungarischer Schlawiner sei.

*

Eines Tages rief mich ein mir unbekannter Herr in meinem Büro an, er stellte sich als Herr Lieber vor und sagte, er habe schon viel Gutes über meine Arbeit gehört. Natürlich stellte er mir sogleich die stereotype Frage: »Wie sehen Sie den Markt?« Ich gab ihm einige ganz neutrale Hinweise, da ich es vermeide, Menschen, die ich nicht kenne, Vorträge über die Börse zu halten. Ich muß ja erst wissen, ob er Spieler, Spekulant oder Anleger ist, sein Vermögen und auch den Charakter seines Vermögens kennen, erfahren, welcher gesellschaftlichen und intellektuellen Klasse er angehört, ob er geschulter Geschäftsmann oder Autodidakt ist ...

Unser Gespräch verlief aber dennoch sehr freundlich, und in den folgenden Wochen rief er mich ständig an, hielt mich sogar von der Arbeit ab, so daß ich ihm endlich vorschlug, uns doch einmal persönlich zu treffen. Er war sofort Feuer und Flamme. Einige Tage später saßen wir uns also in dem berühmten Börsenlokal »Au petit coin« gegenüber. Zunächst gab es natürlich das übliche Gespräch über den Markt, bis mich dieses banale Geplänkel zu langweilen begann. Ich beschloß, ihn etwas zu reizen.

»Ich habe eine Idee, bei der ich viel Phantasie sehe«, begann ich meine Werbestrategie, »aber ... Garçon!« Damit brach ich meinen Satz ab und sagte irgend etwas Unwichtiges zum Kellner. »Was denn?« fragte Herr Lieber interessiert, »wie lautet denn Ihre Idee?« – »Ja, die Idee habe ich schon, aber es ist noch etwas zu früh ...«, gab ich zurück und nahm einen großen Schluck Wein aus meinem Glas. »Obwohl ich die Überzeugung habe ...« Wieder rief ich den Kellner. Da sah ich in den Augen meines Gegenübers, wie sehr er schon auf die Folter gespannt war, und wußte, daß ich so fortfahren mußte, ein Wort, ein Schluck ... Plötzlich brach es mit Ungeduld aus ihm hervor: »Nun sagen Sie doch schon, was ist Ihre ›Idee mit Phantasie, nur noch zu früh‹?« Ich beschloß, den Armen nicht weiter zu quälen, und sagte: »Lieber Freund, warum sind Sie eigentlich nicht mein Kunde?« Damit hatte ich ins Schwarze getroffen. »Natürlich«, meinte er, »Sie haben recht. Ich werde bei Ihnen ein Konto eröffnen.« Gesagt, getan. Er wurde am nächsten Tag mein Kunde.

Was meine »Idee mit Phantasie« war, weiß ich heute nicht mehr, ich hatte so viele, die ich täglich zusammenspann. Aber allzu schlecht war sie bestimmt nicht.

*

Ein anderes Mal klingelte bei mir das Telefon, die Anruferin stellte sich mit dem Namen Mendelssohn vor. Sie war britische Staatsbürgerin, eine Erbin der berühmten Bankiersfamilie aus Berlin und lebte in Paris. »Sie sind also eine Ururenkelin von Nathan dem Weisen!?« Lessing hatte seine Figur ja nach dem Vorbild von Moses Mendelssohn modelliert. »Ja«, sagte sie stolz, »und auch eine Verwandte von Felix Mendelssohn-Bartholdy, dem großen Komponisten.« Damit war ihr Status geklärt. Sie war mir gleich sympathisch.

Nach dem Kriege hatte sie eine Wiedergutmachungszahlung für die Enteignung des Berliner Bankhauses bekommen und dieses Geld in Wertpapieren angelegt. Die Liste wollte sie mir zur Begutachtung vorlegen. Ich besuchte sie also in ihrem Appartement im zehnten Stock ohne Aufzug, bei St. Germain des Près, dem Viertel der Intellektuellen. Sie sprach ein sehr schönes, gebildetes Deutsch und erzählte mir, daß sie Bücher über soziologische Themen verfasse.

Ich prüfte ihr Wertpapierkonto, das sie bei einer Großbank in der Bundesrepublik unterhielt: eine faire Zusammenstellung von Anleihen und Blue Chips, international gestreut. Es war nichts dagegen einzuwenden.

»Und wo zahlen Sie Steuern?« fragte ich sie. »Natürlich in der Bundesrepublik, schließlich stammt das Geld ja auch aus Deutschland.« Ich erwiderte: »Aber Sie sind doch englische Staatsbürgerin, Sie leben in Frankreich. Das Depot liegt zwar in Deutschland, aber das verpflichtet Sie nicht, dort auch Steuern zu zahlen. Mit Hilfe Ihres biographisch-geographischen Dreiecks können Sie eine Menge Geld sparen.« »Nein, nein«, war die Antwort, »der Direktor meiner Bank, ein guter Freund, würde keine Steuertricks zulassen.« Daraufhin erzählte ich ihr zunächst eine Anekdote.

Der Ort ist Frankfurt, um 1800 herum. Der alte Rothschild sitz in seinem Kontor und prüft die Bücher. Plötzlich öffnet sich die Tür, es tritt herein ein preußischer Offizier und stellt sich in Hab-Acht-Stellung vor: »Freiherr von Primnitz! Adjutant Seiner Majestät, des Königs von Preußen!« – »Bitte, nehmen Sie sich einen Stuhl«, sagt Rothschild freundlich. »Ich wiederhole: Freiherr von Primnitz, Adjutant Seiner Majestät, des Königs von Preußen, Ritter des Malteserordens.« – »Bitte, nehmen Sie sich einen Stuhl«, wiederholt Rothschild höflich. »Mein Herr, Sie haben mich nicht verstanden: Ich bin Freiherr von Primnitz, Adjutant Seiner Majestät, des Königs von Preußen, Ritter des Malteserordens und – päpstlicher Kämmerer!« – »Bitte, bitte«, sagt Rothschild ganz resigniert, »nehmen Sie sich zwei Stühle.«

»Bitte, bitte, Frau Mendelssohn, zahlen Sie drei Steuern!« Zuerst lachte sie herzlich, doch dann fing sie sich wieder, da sie nicht nur eine Berliner Jüdin, sondern auch eine Preußin war, der Witze über Steuerangelegenheiten nicht angenehm sind. Das war wohl auch der Grund, warum ich nie wieder etwas von ihr hörte.

Dabei hatte ich sie doch nicht zur Steuerhinterziehung anstiften wollen, es ging nur darum, den günstigen Standort auszuwählen. Ein unschuldiger Ratschlag, der in der deutschen Presse ununterbrochen propagiert wird.

Soweit einige Erlebnisse mit Kunden. Doch ich muß feststellen, daß mein angenehmster Kunde immer noch ich selber war und bin. Ich bitte keine Broker und Banker um Ratschläge. Ich frage sie nie nach ihrer Meinung, so tragen sie mir gegenüber auch keine Verantwortung. Und wenn man mir einen Tip zuflüstert, mache ich immer exakt das Gegenteil davon, eingedenk meines alten Mottos »Information is ruination«.

Zehnte Vorlesung:

Kleine Börsenpsychopathologie: Aberglaube, Fetischismus, Spielsucht

Viele Börsenspieler (und auch manche Spekulanten) neigen zum Aberglauben und zum Fetischismus. Das kann gefährliche Dimensionen annehmen. Es gibt aber auch relativ harmlose Varianten, etwa, daß eine bestimmte Aktie für eine Zeitlang zum Modefetisch erhoben wird. Aber der Spekulant ist fast notwendigerweise abergläubisch. Denn oft stellt er eine These auf, die in jeder Hinsicht logisch ist und mit den sichersten Argumenten unterbaut. Es muß so kommen, denkt er sich, aber nichtsdestoweniger stellt sich dann heraus, daß die Spekulation falsch war. Und dann sagt er sich: Ich habe Pech gehabt. In dem Moment, in dem er Mißerfolg mit Pech begründet, ist er schon abergläubisch.

Der Aberglaube ist aber oft mit Intuition verbunden, und die ist sehr nützlich. Hat man das Gefühl, daß man mit seinem Börsenengagement im falschen Boot sitzt, muß man rausspringen. Aber man muß der Überzeugung sein, daß es ein falsches Boot ist, und das ist eine Mischung von Überlegung und Intuition. Von der Meinung eines Maklers soll man sich nicht beeinflussen lassen. Hat man eine schlaflose Nacht wegen eines Börsenengagements, soll man es sofort lösen!

Der Spekulant sollte auch der Meinung einer Frau eine gewisse Bedeutung beimessen. Frauen haben eine besonders starke Intuition und auch Instinkt: Diese Qualitäten können die logischen Überlegungen des Mannes ergänzen.

Intuition ist eigentlich nichts anderes als unbewußte Logik, die wiederum ein Produkt langjähriger Börsen- und Lebenserfahrung darstellt, gemischt mit Phantasie. In der Nacht entsteht eine Idee, eben durch unbewußte Gedankenarbeit, morgens ist sie dann plötzlich da – und man nennt es Intuition, Inspiration. Sich allein auf Phantasie zu verlassen, wäre gefährlich.

Ich muß gestehen, daß ich auch abergläubisch bin. Wenn ich zum Beispiel auf der Straße feststelle, daß ich eine wichtige Unterlage für eine Besprechung zu Hause vergessen habe, so kehre ich dennoch nicht wieder um – das könnte Unglück bringen! Oder wenn ich eine Münze verliere, sage ich mir, dieser Verlust wird – quasi als Kompensation – bestimmt einen großen Gewinn bringen.

Wenn es das Glück einmal besonders gut mit mir meint, so ziehe ich auch daraus meine »Schlüsse«. Kürzlich hielt ich einen Vortrag in Essen, vor einer Vereinigung von Steuerberatern. Als ich gerade mit dem Taxi zum Kölner Flughafen aufbrechen wollte, bietet mir ein Teilnehmer an, mich in seinem Wagen mitzunehmen. Das war der erste Glücksfall. Am Flughafen, ich hatte nicht mehr reservieren können, bekam ich zwanzig Minuten vor Abflug durch Zufall noch einen Platz in der ausgebuchten Maschine. Glück Nummer zwei.

Nummer drei folgte sogleich: Neben mir saß überraschend mein guter Freund Carl Zimmerer, der auch nach München unterwegs war. Wir sprachen über dieses und jenes, und beiläufig erwähnte er, daß er gerade ein bestimmtes Papier gekauft habe. Das genügte mir schon. Kaum in München angekommen, gab ich ebenfalls eine Kauforder. Und bis jetzt habe ich auch damit Glück gehabt.

Manchmal folge ich auch sentimentalen Erwägungen. Als Kind las ich den Roman »Der Tunnel« von Bernhard Kellermann, damals ein europäischer Bestseller. Es war die Science-fiction-Geschichte eines Tunnelbauprojekts zwischen Amerika und Europa. Ich weiß noch, wie sehr mich die Szene fasziniert hat, als sich die Bautrupps beider Seiten unter großem Jubel auf der Mitte trafen. Ich habe mir jetzt Aktien der britisch-französischen Euro-Tunnel-Gesellschaft gekauft – allein für den spektakulären Moment des Durchstichs unter dem Ärmelkanal. Vielleicht werde ich 50 Prozent verlieren, vielleicht aber auch viel gewinnen – ich leiste mir diese Papiere aus Sentimentalität oder Liebhaberei.

Ich besitze auch viele Talismane und trage einige davon immer bei mir. Mein Haupttalisman ist ein kleiner heiliger Antonius, der von zwei Würdenträgern der katholischen Kirche gesegnet wurde, von Papst Johannes dem dreiundzwanzigsten und von Kardinal Lustiger, dem Erzbischof von Paris. Oder, wenn im Kaffeehaus ein Glas zerspringt, hebe ich sofort eine Scherbe auf und packe sie als Glücksbringer ein. Bisher ist es mir in meinem Leben auch immer gutgegangen, dafür bin ich dem Herrgott dankbar. Aber wieviel davon soll ich meinen Glücksbringern zuschreiben? Glaube oder Aberglaube? Beides mischt sich bei mir.

Wenn man aber seine finanziellen Engagements wirklich vom Aberglauben abhängig macht, so ist man ein Spieler. Das war ich als junger Mann; ich weiß, was spielen ist und habe unter Schmerzen gelernt. (Merke: Das in der Spekulation gemachte Geld ist Schmerzensgeld; zuerst kommt der Schmerz, dann das Geld.) Jetzt bin ich, vielleicht auch durch die Weisheit des Alters, ein wirklicher Hartgesottener; ich denke, ich leiste mir heute ein bißchen harmlosen Aberglauben und Fetischismus als Luxus.

Manche Börsenspieler glauben an Zahlenmagie und die Bedeutungen von kalendarischen Wiederholungen. An einem Freitag, dem 13., werden wohl die meisten Menschen etwas vorsichtiger mit wichtigen Entscheidungen sein (obwohl ich mir selbst, wenn ich von einer Idee wirklich überzeugt bin, auch sagen könnte: Gerade an diesem Datum wage ich es!). Auf dem Future-Index-Markt in Chicago kehrt alle paar Monate ein bestimmter Tag wieder, an dem Optionen mit drei verschiedenen Laufzeiten gleichzeitig fällig werden. Diese sogenannte Triple-witch gilt bei den Chicagoer Händlern als »Hexendatum«, und sie fürchten regelmäßig, daß sich an diesem Tag eine Katastrophe an der Börse ereignen könnte. Das ist natürlich purer Aberglaube. Genausogut könnte man die Börsentendenz nach den Baseball-Resultaten oder der Rocklänge in der Damenmode bestimmen.

Pathologisch wird es, wenn die Spieler solche Dinge nicht mit Leichtigkeit und Humor nehmen, sondern ihren fixen Ideen verbissen anhängen und sie fetischisieren. Die Fetische ändern sich mit der Zeit, aber eines haben sie alle gemeinsam: Sie enttäuschen ihre Gläubigen.

Der Ölpreis und sein angeblicher Einfluß auf den Dollarkurs war in den siebziger Jahren so ein Fetisch, wie ich bereits erläutert habe.

Dann waren jahrelang alle Börsenspieler von der

Geldmenge hypnotisiert. Die Begründung hatte durchaus etwas Logik. Steigt die Geldmenge, dann ist anzunehmen, daß die Notenbanken die Zinsen erhöhen, und hohe Zinsen sind schlecht für die Börse. Wenn die Wirtschaftskonjunktur etwas nachgab, hoffte man auf bessere Börsen, weil man dann annehmen konnte, daß die Fed die Zinsen wieder heruntersetzen werde, um die Wirtschaft anzukurbeln. Tiefe Zinsen, also mehr Liquidität, sind das beste Stimulans für die Börse.

Später war die Wachstumsrate der neue Fetisch. Stieg diese Zahl um zwei, drei Punkte hinter dem Komma, kauften die Börsianer aggressiv, obwohl eine steigende Wachstumsrate auf höhere Zinsen hindeutet, was wiederum für die Börse ein negativer Faktor ist und umgekehrt. Das Ärgste dabei: Auch die Wachstumsrate wird jede Woche revidiert.

Noch absurder waren die Thesen der Warenterminspekulanten: Vor einiger Zeit glaubten sie, daß zwischen dem Silberpreis und dem Preis für Sojabohnen eine konstante Spanne bestünde. Steigt der Silberpreis bis zu einem gewissen Kurs, muß der Sojabohnenpreis ebenfalls steigen. Warum? Weil die Hunt-Brüder in beiden Waren spekulierten. Wenn Silber soundso hoch geht, haben die Hunt-Brüder soundso viel mehr Cash zur Verfügung, um Sojabohnen zu kaufen.

Auf den gleichen Automatismus schworen auch die Spieler in Edelmetallen: Wenn der Goldpreis X ist, dann muß Platin soundso viel höher stehen. Und was geschah: Platin fiel für eine längere Zeit noch unter den Goldpreis zurück. Genauso falsch lagen sie bei dem Spiel Platinum contra Palladium.

Alle diese Theorien halte ich für eine Verdummung des Publikums, die nur für die Makler gut sind, weil sie ihren Kunden etwas bieten müssen. Ihre Voraussagen treten fast nie ein, abgesehen davon, daß sie ihre Meinung auch noch jeden Tag ändern. Für die Katz arbeiten sie mit Dutzenden von Analysen. Diese Analysen sind keine zehn Pfennig wert: je wissenschaftlicher die Analysen, desto dramatischer ihre Folgen. Der Page Oscar in Verdis »Maskenball« singt: »Oscar weiß es, er sagt es aber nicht.« Die Broker sagen, aber wissen es nicht.

Börse oder Roulette – Spieler sind sie alle

Alchimisten, Sterngucker, Auguren gibt es noch heute, besonders unter Spielern; nur ihre Methoden haben sich geändert. Die modernen Alchimisten hoffen nicht mehr, aus Kupfer Gold zu schaffen, sondern wollen mit Hilfe ihrer Theorien die Entwicklung des Goldpreises errechnen und daraus profitieren. Andere Hellseher erforschen die Gewinnzahlen des Lottos oder des Roulettes oder lesen die kommenden Börsenkurse »aus den Sternen«, dem »Kaffeesatz« oder (im besten Falle) aus den Börsenkurskurven. Dabei nehmen sie Computer, Lineal und Zirkel zu Hilfe und arbeiten mit mathematischer Präzision.

Ob Lotto, Roulette oder Börse, ich nenne all diese angeblich wissenschaftlichen Spieler – egal, mit welchen Instrumenten sie arbeiten – Besessene, wenn sie selber daran glauben, und Scharlatane, wenn sie ihre Systeme auch noch für Geld verkaufen. Meistens sind sie besessene Scharlatane. Ich halte es für verlorene Zeit, mit ihnen zu diskutieren, denn ihre Argumente gehören dem Bereich der okkulten Wissenschaften an. Beim Publikum können sie zumindest über kurze Zeit

Erfolg haben, denn je unwahrscheinlicher die Versprechungen sind, desto größer ist die Zahl der Anhänger. Was die Masse nicht erfassen kann, hat Anziehungskraft: »Es könnte doch etwas dran sein.«

Bis zu einem gewissen Grad gehören auch die Börsenchartisten zu den Besessenen. Von den Brokern werden sie intensiv unterstützt (das Spiel mit Charts ist ja die beste Provisionsmaschine). Das Chartlesen ist meiner Ansicht nach eine Wissenschaft, die vergebens sucht, was Wissen schafft. Ich schau mir die Charts ja auch an, denn schon Konfuzius sagte: »Erzähle mir die Vergangenheit, und ich werde dir die Zukunft erkennen!«

An Hand eines Charts sieht man am klarsten, was gestern war und was heute ist, aber damit hat es sich. Bis heute ist die Preiskurve Wahrheit, ab morgen, wenn sie vorgezeichnet wird, ist sie Dichtung, gute oder schlechte. Der Chart macht daher nur einen einzigen Stein unter den Dutzenden in dem Mosaik aus, auf dem eine Analyse aufgebaut sein muß. Sich aber von den verschiedenen Chartformen wie »Schulter-Kopf-Schulter«, »Seitenflanke«, »Untertasse« und ähnlichen verführen zu lassen bedeutet »Geldmord«.

Robert Prechters »Elliot-Wellen-Theorie«, die er durch Börsenbriefe und sein Buch propagiert, gleicht in meinen Augen auch dem Kaffeesatzlesen. Er empfiehlt, Aktien leerzuverkaufen. Die Kurse freilich steigen. Und so müssen sich die Jünger, weil der Kurs um ein paar Punkte klettert, sofort eindecken. Derartige Empfehlungen wiederholte er viele Monate lang Woche für Woche. Seine Leser können folglich Woche für Woche ihr ganzes Geld verlieren.

Ein gewisser Mr. Elliot hat nach der Legende jahrelang auf dem Krankenbett die Bewegungen der Börse bis weit in die Vergangenheit studiert und daraus »Gesetzmäßigkeiten« abgeleitet. Ich habe das Ganze nicht verstanden. Und auch seine Jünger wie Robert Prechter konnten es mir nicht erklären: »Fragen Sie nicht, warum; es ist so!« schreibt er sinngemäß im Vorwort seines Buches. Sein einziges Argument lautet: Was damals so war, muß auch heute so sein.

Ich kenne nicht einen einzigen Chartisten, der an der Börse erfolgreich gewesen wäre: Sie sind alle pleite gegangen. Im alten Wien nannte man sie »junge Börsianer, alte Schnorrer«. Und keiner von ihnen hatte die Größe, wie sie einmal der Gast einer illustren Party bewies, den ich beim Gespräch mit der Dame des Hauses belauschte. Er flüsterte ihr zu: »Schauen Sie mal, gnädige Frau, der junge Mann dort, wie fürchterlich der aussieht.« »Ach«, meinte die Gastgeberin, »das ist mein Sohn.« Worauf der Gast die einzig richtige Antwort gab: »Gnädige Frau, so eine Blamage ist nicht gutzumachen; ich gehe.«

Charts individueller Aktien haben eine gewisse Berechtigung, denn aus ihren Bewegungen lassen sich unter Umständen Rückschlüsse ziehen, die sonst nicht möglich gewesen wären. Wenn zum Beispiel die Kurskurve einer Aktie gegen die generelle Tendenz geht, so kann dies auf Transaktionen der Großaktionäre hinweisen. Diese wissen, daß es der Firma schlechtgeht und wollen ihre Aktien abladen.

Charts für den gesamten Markt hingegen sind etwa so sinnvoll wie der Einfall des Chefarztes einer Klinik, statt der Fieberkurve über dem Bett eines jeden Kranken eine Durchschnittsfieberkurve aller seiner Patienten zu erstellen.

Die Chartgucker sind genauso besessen wie Roulettespieler, die mit Computern arbeiten. In vielen Kasinos gibt es Spielsyndikate. Der eine setzt die Zahlen, die der zweite in den Computer stopft, während der dritte mit den Berechnungen dauernd zwischen den beiden anderen hin und her läuft. So arbeiten sie stundenlang (erst kürzlich habe ich sie wieder in Deauville beobachtet). Aber fragen Sie nicht, wie das endet! Am Abend sind sie noch aufgeblasen, ihres Glückes sicher und glauben, »die« mathematische Formel gefunden zu haben. Um drei Uhr früh betteln sie um einige Mark, damit sie das unfehlbare System von neuem anfangen können.

Ich besitze mehrere Zigarettenetuis aus Gold und Platin, die mir Spielsüchtige aufgedrängt haben, um weiterspielen zu können. Ich habe schon Hunderte Stunden in Roulettesälen verbracht, nur um die Typen dort zu beobachten, aber selbst setze ich nie einen einzigen Jeton. Dieser besondere Nervenkitzel ist mir fremd, selbst an der Börse, daher studiere ich auch nie die aktuellen Kurse. Die ununterbrochenen Variationen interessieren mich nicht.

Das größte Unglück für einen Besessenen ist, wenn er gleich am Anfang seines Systemspiels gewinnt, denn dann wird er noch besessener. Im alten Wien hieß es einst: »Ein Jude verliert mit den letzten 1000 Dollar auch seinen Verstand.« Hier gilt: Der Spieler verliert seinen Verstand mit dem Gewinn der ersten 1000 Dollar.

Einem meiner Freunde meldete man einmal im Park des Kasinos, sein Sohn sei im Spielsaal beim Roulette tätig. »Sitzt er, oder steht er?« war die spontane Frage. Denn steht er, spielt er nur sporadisch, er kann verlieren oder auch gewinnen. Sitzt aber sein Sohn, dann spielt er ununterbrochen und wird so das Kasino todsicher ohne einen Pfennig verlassen. Wie man vor hundert Jahren in Monte Carlo sagte: »Weder Rot noch Schwarz kann gewinnen, nur Weiß!« Den Gebrüdern Blanc (franz.: weiß) gehörte damals die Spielbank.

Sicherlich genießt der Roulettespieler das Gewinnen. Aber schon sein zweitgrößter Genuß ist das Verlieren, denn sein Vergnügen ist der Nervenkitzel, nicht das Geld. Darum finden sich unter den Millionären auch die leidenschaftlichsten Glücksspieler, egal, mit welchen Summen sie ihr Glück testen.

Welche Folgen die Spielsucht haben kann, dafür ist ein interessantes Beispiel der Fall des André Citroën, den ich in anderem Zusammenhang bereits erwähnt habe. Der geniale Autokonstrukteur und Industrielle verfiel der Spielsucht auf besonders tragische Weise. In den zwanziger Jahren war er der Star in Frankreich. André Citroën veranstaltete spektakuläre Autorundfahrten, die sogenannte Schwarze Rallye führte durch den afrikanischen Kontinent, die Gelbe Rallye nach China. Seine vielbeachtete Idee war es auch, den Eiffelturm mit dem gigantischen Schriftzug »Citroën« zu schmücken. Und eben sein besonderer Sinn für Öffentlichkeitsarbeit wurde ihm zum Verhängnis.

Deauville war in dieser Zeit ein sehr eleganter Badeort, wo sich die Pariser Society an den Wochenenden traf, und im Zentrum des mondänen Lebens stand das Kasino. Citroën war eigentlich kein Kartenspieler, doch er begann in Deauville Bakkarat zu spielen, in der Absicht, vielleicht hier ein bißchen zu gewinnen, dort ein bißchen zu verlieren – Hauptsache, die Zeitungen vermeldeten am nächsten Morgen in der Klatschspalte: André Citroën, der berühmte Industrielle, verlieh dem Abend besonderen Glanz und hat groß gespielt.

Doch gleich am ersten Abend gewann er – und wurde süchtig. Er verbrachte nun jedes Wochenende im Bakkaratsaal und verlor und verlor. Seine Frau versuchte seinen Ausschluß vom Spiel zu erreichen, doch die Regel aller Kasinos zum Selbstschutz der Spielsüchtigen lautet, daß nur diese selbst verlangen können, ihnen den Zutritt zu verwehren.

André Citroën aber dachte gar nicht daran, er entnahm Unsummen aus seinem Unternehmen, verschuldete sich immer mehr bei seiner Hausbank, A. Spitzer und Cie., bis eines Tages der Chef dieser Bank Deauville besuchte und sah, daß Citroën wie ein Wahnsinniger spielte. Das Ende vom Lied: Sämtliche Kredite wurden gesperrt, Citroën verlor die Autofabrik, die er aufgebaut und zum Erfolg geführt hatte, am grünen Tisch.

Spielen ist eine Droge und kann den Süchtigen ruinieren wie Morphium oder Kokain.

Viele Börsenspieler gehen ihrer Leidenschaft nicht nur an der Börse nach. Ein guter Freund von mir war der totale Spieler: vormittags war er an der Börse, mittags ging er zum Pferderennen, nachmittags spielte er Bridge und abends Roulette. Er ist natürlich als armer Mann gestorben.

Das Vergnügen der Spieler ist die Herausforderung des Schicksals. Ich kenne einen, der Geld wie Heu hat, aber oft seine Fahrkarte in der Straßenbahn nicht entwertet. Sein Spiel geht so: Habe ich entwertet und der Schaffner kommt nicht, habe ich Pech; kommt er, habe ich Glück. Habe ich die Karte nicht entwertet und werde kontrolliert, ist das besonderes Pech, werde ich aber nicht kontrolliert, so habe ich das große Los gezogen.

Die intelligentesten Menschen lassen ihre ganze Intelligenz in der Garderobe, sobald sie einen Spielsaal – oder den Börsensaal – betreten. Ich bin mit einem Mathematiker befreundet, der als Koryphäe seines Fachs gilt (er wurde im zartesten Alter Kaiser Franz Joseph als »Wunderkind« vorgestellt). Als wir einmal am Roulettetisch in Monte Carlo standen und die Spieler beobachteten, sagte er plötzlich zu mir: »Schau mal, André, dieser Trottel dort, er setzt ununterbrochen auf Schwarz. Merkt er denn nicht, daß wir eine rote Serie haben?«

Psychologen sprechen in einem solchen Fall von »gambler's fallacy«, sie meinen damit den typischen Trugschluß des Spielers, das Glück quasi in seine statistische Normalverteilung zwingen zu wollen. Wie es Dostojewski in seinem Roman »Der Spieler« sagt: »Selbstverständlich setzt beim Roulette niemand mehr auf Rot, wenn die Kugel bereits zehnmal bei Rot stehen geblieben ist.« Genauso gehen die Börsenteilnehmer oft davon aus, daß eine »schwarze Serie« nun beendet sein müsse, das heißt, daß ein Kurs, der ihnen zu hoch erscheint, nun wieder fallen müsse. Nur: In statistischer Hinsicht ist dies keineswegs berechtigt, denn für den Einzelfall, einen ganz bestimmten Tag an der Börse, kann man nie vorher sagen, ob der Kurs steigen oder fallen wird. Dort gibt es mitunter sehr lange rote oder schwarze Serien.

Börsensüchtig

Auch die Börse kann süchtig machen; denn dort herrscht eine ganz besondere Atmosphäre. Die Luft, die man im Innern dieser tumultreichen Kampfstätte atmet, wirkt wie eine Droge. Ich kannte viele, die nur durch Zufall an die Börse kamen und sich nicht mehr losreißen konnten. Am besten illustriert dies die folgende Anekdote: Nach dem Börsenkrach 1929 in New York waren Tausende von Börsenprofis total pleite und mußten andere Beschäftigungen finden, sogar minderwertige Jobs. Zwei ehemalige Kollegen von der Börse treffen sich, und der eine fragt: »Was machst du jetzt?« »Ich verkaufe Zahnbürsten für eine Firma. Und du?« »Ganz im Vertrauen sage ich es dir«, ist die Antwort, »ich bin noch immer bei der Börse. Aber meine Frau glaubt, ich spiele Klavier in einem öffentlichen Haus.« (Das war noch immer besser, als Börsianer zu sein.)

Ein Freund von mir war börsensüchtig. Er arbeitete in der Stahl- und Eisenbranche und wickelte während des Koreakrieges Millionengeschäfte ab. Er tat sich groß damit, sein Geld mit Fleiß und Schweiß zu verdienen. In seinen Augen waren wir Börsianer Nichtstuer, Faulenzer und Parasiten der Wirtschaft. Eigentlich hatte er recht, obwohl ich mich bestimmt nicht schäme, niemals gearbeitet zu haben und trotzdem ein sehr angenehmes und bequemes Leben zu führen. Ich warnte meinen Freund: Auch der Koreakrieg dauere nicht ewig, und eines Tages würde er glücklich sein, sein »ehrlich verdientes« Geld in guten Aktien anlegen zu können; und da das bald einzutreffen drohe, solle er sich schon vorher mit dem Kursblatt vertraut machen.

Am nächsten Tag kam er zu mir. Er hatte über meine

Bemerkung nachgedacht, gab mir Papier und Feder, und ich sollte ihm eine Liste von Börsenwerten aufstellen, die er zur Probe einkaufen wollte. Er dachte nicht an Spekulation, wollte nur ein wenig mitmischen. An erster Stelle schrieb ich ihm deutsche Young-Anleihen, französische Serie, an zweiter Stelle die südafrikanischen De Beers-Aktien und dann noch einige amerikanische Blue Chips auf. Die Liste erwies sich als wunderbar. Die Youngs stiegen bald auf das Hundertfache, die De Beers auf das Zehnfache, alle anderen ebenfalls mächtig. Als sich nun gleich nach den ersten Ankäufen die Kurse so günstig entwickelten, legte sich mein Freund mehr und mehr Aktien zu, in New York, in Europa und sogar in Australien. Zuerst kaufte er mit seinem Bargeld, dann machte er immer mehr flüssig, zum Schluß kaufte er auf Kredit. Auf dem Höhepunkt seines Engagements fing er an zu rechnen und entdeckte, daß seine Börsendifferenzen von einem Tag auf den anderen das Fünffache seines Familienbudgets ausmachten. Außerdem entdeckte er, daß Kurse auch fallen können. Und die Börse wurde immer hektischer, die Differenzen immer größer, so daß die Nerven meines Freundes diese Aufregungen nicht mehr aushielten. Eines schönen Tages, während der Börsensitzung (vielleicht fielen gerade die De Beers vorübergehend um einige Punkte), erlitt er einen Nervenzusammenbruch und wurde in ein Krankenhaus eingeliefert.

Seine Familie hielt in großer Aufregung Kriegsrat. Sie beschlossen, das ganze Börsenengagement abzuwickeln. Man verkaufte alle Papiere, und sein ganzes Vermögen lag nun nicht mehr in schwankenden Aktien, sondern in feinem Bargeld bei der Bank. Und was geschah dann? Während der langen Monate, in denen mein Freund sich einer Heilschlafkur unterzog, krachte die Börse. Es war der heftige Kursverfall aller Weltbörsen im Frühjahr 1962. Als mein Freund völlig geheilt aus dem Krankenhaus entlassen wurde, waren die Kurse auf dem tiefsten Stand. Er aber war ruhig und lächelte wie neugeboren. Die Schlafkur hatte sein Vermögen gerettet. Mit seinen auf Kredit gekauften Papieren wäre er ohne den Verkauf zugrunde gegangen. Auch mein Gewissen war rein; ich hatte ihn zwar zum Börsenspiel verleitet, aber: Ende gut, alles gut . . .

Aber so einfach ist es nicht, wenn man einmal vom Börsenfieber angesteckt ist. Hat man Papiere, so zittert man, sie könnten fallen; hat man keine, so zittert man, sie könnten steigen. Mein genesener Freund zitterte auch. Als sich die Kurse vom Tiefstand erholten, wurde er nervös. Als die Aktien weiter in die Höhe kletterten, ergriff ihn Panik, die Hausse könnte vor den Toren stehen, und er sei nicht dabei. Vergebens warnte ich ihn: Er fing wieder an zu kaufen . . .

Ich verachte zwar die Parasiten der Börse, die Spieler, die jeden Tag kaufen und verkaufen, aber ich gebe zu, daß ohne sie die Börse keine Börse wäre, und daß ohne Börse das kapitalistische System nicht existieren könnte. Denn je mehr Parasiten im Spiel sind, desto größer die Umsätze und die Liquidität. Und je größer die Liquidität, desto höher ist die Garantie auch für den Sui-generis-Anleger, seine Aktien in einem liquiden Markt mit hohen Umsätzen immer verkaufen zu können.

Wenn ich in einem Satz die Geschichte der Spekulation zusammenfassen wollte, müßte ich sagen; der »Homo ludens« wurde geboren, er hat gespielt, gewonnen oder verloren und wird nie sterben.

Darum bin ich auch der Überzeugung, daß nach jeder Börsendepression, in der die Menschen ein wahrer Ekel vor Aktien und vor der Börse befällt, wieder Zeiten folgen, wo alle Wunden der Vergangenheit vergessen sind und die Menschen sich wieder von der Börse anlocken lassen wie die Motten vom Licht. Und wenn sie es nicht aus eigenem Antrieb tun, dann sorgt schon die hochentwickelte Börsenindustrie dafür, und an erster Stelle der Köder Geld.

Ich könnte den »Homo ludens« und den Spezialfall des Börsianers mit einem Alkoholiker vergleichen, der nach einem schweren Rausch am nächsten Tag in seinem Katzenjammer beschließt, nie wieder ein Glas Alkohol in die Hand zu nehmen. Aber am Nachmittag trinkt er doch wieder einen Cocktail und dann noch einen und noch einen, und um Mitternacht ist er wieder genauso betrunken wie am Abend zuvor.

Also alles Besessene oder Narren? Vielleicht ist es gut so, denn was wäre die Welt ohne Narren und was erst die Börse? Woher kämen die Börsengewinne ohne Narren?

Elfte Vorlesung:

Der bleibende Wert der Dummen

Fürst Johannes von Thurn und Taxis, mit dem ich mich immer gerne treffe und der ganz entgegen seines öffentlichen Playboy-Images ein sehr gescheiter, hochgebildeter Mensch ist, dazu ein brillanter Unterhalter mit abgründigem, manchmal fast bösartigem Witz, hat mir einmal vorgeschlagen, mit ihm gemeinsam ein Buch über die menschliche Dummheit zu verfassen. Das wäre sicherlich ein Thema für viele Bände!

Mein väterlicher Freund, Professor Albert Hahn, hatte mich ständig gemahnt: »Sie können die menschliche Dummheit nicht genügend überschätzen.« Und ich werde nie den Ausspruch eines Börsianerfreundes vergessen, den ich vor sechzig Jahren häufiger traf und der damals schon achtzig war. Seine ganze Börsenweisheit faßte er in einem einzigen Satz zusammen, den er mir ständig wiederholte: »Die ganze Börse hängt nur davon ab, ob es mehr Aktien gibt als Idioten oder mehr Idioten als Aktien.«

Gott sei Dank gibt es sehr viele Dummköpfe an der Börse. Was wäre die Börse, wenn es keine Dummköpfe gäbe? Ich gehe gerne in die Börsensäle (egal, in welchem Land), denn nirgends auf der Welt kann ich pro Quadratmeter so vielen Menschen begegnen, die stark über ihre geistigen Verhältnisse leben. Jeder, dem es einmal gelingt, einen Kursschnitt von 100 auf 110 zu machen, bildet sich ein, ein Genie zu sein; und schon rechnet er sich sein neues Jahreseinkommen aus. Die Armen, sie wissen noch nicht, welche Watschen sie erwarten.

Es ist ja auch wichtig, sie zu kennen und zu hören, wie sie die Welt- und Wirtschaftsereignisse analysieren – wie auch ein guter Karten-, speziell ein Pokerspieler die Gedankengänge seiner Partner kennen muß. Von der Dummheit der anderen kann der Spekulant oft mehr profitieren als von seiner eigenen Klugheit. Man kann auch von einem Dummkopf etwas lernen, besonders, was man nicht tun soll.

Karl Farkas, der berühmte Conférencier im Wiener Kabarett Simpl, kam eines Abends auf die Bühne, schaute auf das Publikum herunter und sagte in vollem Ernst: »Lauter Bleede!« Darauf brach helles Gelächter aus. Ich wünschte mir, ich könnte einmal in meinem Kabarett, dem Börsensaal, dem Publikum dasselbe sagen. Dieses Publikum würde aber bestimmt nicht lachen, denn meine Kollegen sind viel zu eingebildet und halten sich für viel zu klug.

Die Oberschlauen

Die Börsianer eines Platzes bilden sich aber auch immer ein, daß ihre Kollegen jenseits der Grenzen zwar nicht klüger, jedoch besser informiert seien als sie. Zur Illustration möchte ich eine Geschichte aus der Zeit nach dem Zweiten Weltkrieg erzählen.

Damals bestanden in Frankreich wegen der Devisenknappheit sehr strenge Vorschriften hinsichtlich ausländischer Währungen. Die Franzosen waren verpflichtet, unter staatlicher Aufsicht ihre Auslandswerte in Bankdepots unterzubringen. Auf der Liste der zu deponierenden Effekten waren nur unbedeutende Aktien und notleidende Obligationen nicht aufgeführt, die im Ausland unverkäuflich waren und von denen nicht erwartet werden konnte, daß sie Devisen einbrächten. Nur diese zweitrangigen und uninteressanten Werte waren von der Vorschrift ausgenommen.

Andererseits hatte die Devisenkontrolle ebenfalls zu sehr strenger Kontingentierung der Ein- und Ausfuhr ausländischer Werte geführt. Man konnte kein ausländisches Wertpapier nach Paris einführen, wenn man nicht ein anderes Wertpapier im gleichen Betrage exportierte, um sich die entsprechenden Devisen zu verschaffen.

So wurde, fast automatisch, das notwendige Gleichgewicht hergestellt.

Zu jener Zeit hatten die Erdölwerte, und besonders die Royal Dutch, in Frankreich Liebhaberwert. Um aber Royal Dutch-Aktien einzuführen, mußte man einen anderen Auslandswert in Höhe dieses Betrages ausführen.

Gewisse notleidende japanische Obligationen standen nicht auf der offiziellen Liste. Und die unfruchtbaren Verhandlungen zwischen der französischen und der japanischen Regierung hatten nicht den geringsten Erfolg gehabt. Wenig Leute an der Pariser Börse kannten diese vergessenen Titel, und noch weniger bekannt waren sie im Ausland.

Doch plötzlich tauchten diese japanischen Obligationen in der Schweiz auf, als kämen sie aus der Büchse der Pandora. Die erstaunten Beobachter sahen, wie sich der Markt immer mehr mit ihnen füllte. Niemand verstand das.

In Paris verdichtete sich inzwischen immer mehr das Gerücht, daß die Schweizer als Käufer auftreten würden. Tatsächlich kauften einige auf die internationale Arbitrage spezialisierte französische Banken unaufhörlich, und die gut informierten Leute wußten, daß dies geschah, um die Papiere in der Schweiz weiterzuverkaufen.

In der Schweiz lief wiederum das Gerücht um, daß Paris Käufer sei; tatsächlich kauften die Schweizer Arbitrage-Banken unaufhörlich, und die gut informierten Leute wußten, daß dies geschah, um die Papiere in Paris weiterzuverkaufen.

Man tuschelte jetzt in Paris, die Schweizer wüßten Bescheid über eine wahrscheinliche Einigung mit Japan, und die Schweizer ihrerseits glaubten, die Franzosen hätten günstige Nachrichten über die Verhandlungen mit Tokio. Alle waren sich darüber einig, daß irgend etwas in der Luft lag. Viele Leute ließen sich vom Strom mitreißen, weil sie durch die großen Transaktionen beeindruckt waren, die eine ausgezeichnete Regelung anzudeuten schienen.

Die Außenseiter, die Kleingeschäftemacher, wurden unruhig, spionierten und verfolgten die Vorgänge. Die Kurse stiegen allmählich bis zu dem Tage, wo das Papier die Grenze der Vernunft überschritt.

Und im Fernen Osten gab es immer noch nichts Neues, war immer noch keine Regelung erreicht. Wo lag also die Wahrheit? Was war das Geheimnis? Hier ist die Erklärung: Da der französische Markt sich Royal Dutch-Aktien verschaffen wollte, kauften die Arbitragisten das Papier an den Schweizer Börsen, um es in Paris zu verkaufen. Die Operation war völlig legal, unter der ausdrücklichen Voraussetzung, daß man mit Devisen bezahlen konnte, die man durch den Verkauf eines anderen ausländischen Wertes, der von Paris in die Schweiz exportiert wurde, erhielt.

Man mußte also einen in ausreichender Menge in Paris käuflichen und in der Schweiz ohne Verlust verkäuflichen ausländischen Wert finden. Die »Japaner« paßten dafür großartig. Man konnte in Frankreich jede beliebige Menge kaufen und in der Schweiz offenbar auch jede beliebige Menge verkaufen.

Warum? Ganz einfach, weil andere Arbitragisten in der Schweiz die japanischen Obligationen kauften, sie auf mehr oder weniger legale Weise nach Frankreich schickten und sie an der Pariser Börse verkauften. Mit dem Gegenwert in französischen Francs besorgten sie sich auf dem schwarzen Markt die ausländischen Devisen, um ihre Käufe in der Schweiz zu bezahlen. So kam es, daß die gleichen Papiere ständig zwischen Frankreich und der Schweiz hin und her reisten. Die großen Arbitrage-Banken schickten die »Japaner« von Paris nach Zürich, und die Schwarzmarkt-Arbitragisten sandten genau die gleichen Papiere wieder nach Paris zurück. Wenn die Spazierfahrt Paris–Schweiz auch ohne Verletzung der gesetzlichen Bestimmungen unternommen wurde, so erfolgte die Rückreise Schweiz–Paris zweifellos nicht auf dem Pfad der Tugend ... Logischerweise hätte sich der Kurs gar nicht ändern dürfen, weil genau die gleiche Anzahl Papiere auf den beiden Wiegeschalen der Waage zum Kauf und Verkauf zur Verfügung standen.

Aber diejenigen, denen der Bratenduft verlockend in die Nase stieg und die in den großen Transaktionen ein

Anzeichen für eine günstige Regelung erblickten, diese Leute störten das Gleichgewicht. Ein kleines Pfund mehr, ein paar Gramm auf einer der Waagschalen, und schon steigt das Papier ohne Ende.

Das ging so weiter, bis eines Tages eine für die Inhaber der Obligationen und für die Spekulanten sehr ungünstige Regelung mit Japan getroffen wurde, die die Kurse um ungefähr 50 % fallen ließ, und zwar bis auf das im Abkommen festgesetzte Niveau.

Das war eine gute Lehre für diejenigen, die stets glauben, daß ihre Kollegen an anderen Märkten mehr wüßten als sie selbst! Man bildet sich immer ein, der Rasen des Nachbarn sei grüner als der eigene.

Es gibt auch gelehrte Dummköpfe

Warum gibt es, besonders in der Bundesrepublik, so viele junge Leute, die Volkswirtschaft studieren? Ganz einfach: Sie brauchen auf ihrer Visitenkarte in fetten Buchstaben das Wort Diplom-Volkswirt. Große Unternehmen und Banken ziehen bei einer Anstellung seit einigen Jahren solche Kandidaten vor, bei denen sie den Beweis haben, daß sie keine Analphabeten sind.

Unter den Diplomen ist das der Volkswirtschaft das einfachste, bestimmt leichter als das eines Doktor-Ingenieurs. Man muß nur einige Bücher auswendig lernen, viel Kopfzerbrechen braucht man dazu nicht. Und so werden unzählige Diplom-Volkswirte gezüchtet. Ich bedaure sie dafür, daß sie vier Jahre ihrer wertvollen Zeit verplempern müssen, und behaupte, daß Volkswirtschaft eine Pseudo-Wissenschaft ist. Das wenige, das man lernt, veraltet von einem Jahr zum anderen.

Ich bin nicht der einzige, der diese Ansicht vertritt. Die zweitgrößte Maklerfirma an der Pariser Börse (400 Angestellte) schiebt Bewerber, die sich mit einem Wirtschaftsdiplom melden, sofort zur Seite mit der Begründung, daß diese mit Scheuklappen leben, nicht global denken und zudem noch Besserwisser sind. Wie sagte schon Molière: »Ein gelehrter Dummkopf ist ein größerer Dummkopf als ein unwissender Dummkopf.«

Unterhalte ich mich mit einem Börsenkollegen, so brillant er auch sein mag, merke ich nach zwei Sätzen, daß er Volkswirtschaft studiert hat. Seine Argumente und Analysen sind in ein Korsett eingezwängt, aus dem er nicht herausfindet. Und dafür hat er vier oder fünf Jahre studiert?

Das erinnert mich an eine Anekdote. Einstein, um ein paar Worte über die Relativitätstheorie gebeten, antwortete: »Wenn ich eine schöne junge Dame eine halbe Stunde auf meinem Schoß sitzen habe, kommt mir das wie fünf Minuten vor. Wenn ich aber nur fünf Minuten auf einem heißen Ofen sitzen muß, kommt es mir wie eine halbe Stunde vor.« Darauf flüsterte ein Zuhörer seinem Nachbarn zu: »Und dafür hat er den Nobelpreis bekommen?«

Wie aufrichtig und vielsagend war mit seinem Eingeständnis Al Smith, Gouverneur vom Staat New York, ein berühmter, sehr populärer amerikanischer Staatsmann, der beinahe Präsident geworden wäre. Bei einer Volksversammlung rief ihm jemand zu: »Hi, Herr Gouverneur, an welcher Universität haben Sie graduiert?« »Ich? Am Fischmarkt von New York City!« Auch Albert Hahn, Professor der Volkswirtschaft, der ein Vermögen von rund 40 Millionen Dollar hinterließ, beschrieb seine Börsenspekulationen kurz, aber ehrlich:

»Ich gebe doch nichts auf meine eigenen Dummheiten, die ich als Professor verkünde!«

Mein Rat für alle jungen Leute, die Volkswirtschaft studieren und später an die Börse wollen, lautet deshalb: Alles sofort und radikal vergessen, was Sie an der Uni gelernt haben. Es ist nur eine Belastung für Ihre spätere Tätigkeit.

Die IOS und ich – ein Kapitel aus der Geschichte der menschlichen Dummheit

Vielleicht ist es die Gnade der späten Begabung, daß unsere Wege über ein Vierteljahrzehnt auffällig parallel verliefen. Denn Adolf Theobald, der Gründer von *Capital,* machte mich zum ständigen Kolumnisten des Magazins – was ich zu diesem Zeitpunkt keineswegs vorhatte. Schließlich habe ich nie einen Hehl daraus gemacht, ein Spekulant zu sein – ich bin sogar stolz darauf. Wie sich später herausstellte, war das eine ideale Voraussetzung, über Geld und Börse zu sinnieren. Heute bin ich das älteste Möbelstück der Redaktion.

Börsentips freilich, die man eigentlich von mir hören wollte, habe ich nie gegeben. Weil es eben keine echten Tips gibt. Ich halte es eher mit einem chinesischen Wahlspruch: »Hast Du einen Freund, so schenke ihm einen Fisch. Wenn Du ihn jedoch wirklich liebst, so lehre ihn fischen.«

Nicht gespart habe ich an »negativen« Tips – an Warnungen. Meinen ersten großen Kampf führte ich in den sechziger Jahren gegen die IOS des berüchtigten Bernie Cornfeld und seiner Partner – gegen massive

Widerstände von vielen Seiten, auch von der damals zuständigen *Capital*-Redaktion. Man sagte mir, meine Warnungen vor der grassierenden Fonds-Manie und dem absehbaren Betrug an den Anlegern wolle das deutsche Publikum nicht lesen. Informationen, wie man reich werden könne, ja, aber keine düsteren Prophezeiungen, daß man sein ganzes Geld verlieren würde. Ganz wie bei Erich Kästner: Wo bleibt das Positive?

Ich habe mich dann doch durchgesetzt, und in den nächsten Monaten publizierte ich eine Fülle von Artikeln zum Thema. Wie das Abenteuer IOS endete, ist heute schon ein Kapitel in der Finanzgeschichte und in der ewigen Geschichte der menschlichen Dummheit. Frühere IOS-Vertreter, die mir damals Protest- und sogar Drohbriefe schrieben – ich verdürbe ihnen ihr Geschäft –, sagen mir heute: »Herr Kostolany, Ihr Bild hängt immer über meinem Schreibtisch.« Wie wahr sind doch die Worte des geistreichen Franzosen Antoine Rivarol: »Hat man 24 Stunden früher recht als die anderen, so gilt man 24 Stunden lang als närrisch.«

Beinahe wäre ich übrigens selbst bei IOS gelandet – man wollte mich zumindest engagieren. Henry Buhl III. stand an der Spitze der Portfolio-Verwaltung. Er suchte Geldmanager und hörte sich bei Fachleuten um. Mein Freund Gaston Coblenz, früher Europakorrespondent der *New York Herald Tribune,* sagte ihm, er kenne da einen alten Börsenfuchs, »viel älter als wir alle«, mit großer Erfahrung. Henry Buhl wollte mich daraufhin unbedingt kennenlernen, doch ich zierte mich zunächst, denn ich wußte bereits, was es mit der IOS auf sich hatte. Aus Neugier nahm ich schließlich seine Einladung zu einem Treffen in Genf an.

Beim Mittagessen im Hotel du Rhône sagte er mir

dann, er suche Händler, die permanent hin- und herhandeln, ständig auf Kursverschiebungen reagieren, nicht nur im Zeitraum von einer Stunde, sondern von zwei Minuten. »Performance« war das Zauberwort. Das habe auch eine kostspielige Untersuchung ergeben, die er in Auftrag gegeben hatte: Nur diejenigen Portfoliomanager hätten Erfolg, die sich ständig drehen und Nutzen nehmen.

Ich gab ihm folgendes zu bedenken: Der eine Händler habe vielleicht auf einen guten Sektor gesetzt, etwa die Computerindustrie, die damals einen großen Aufstieg erlebte. Natürlich, bei einem Kursanstieg von 100 auf 200 hat er ausreichend Spielraum, um immer wieder rein und raus zu gehen, das heißt bei 100 kaufen, bei 105 verkaufen, bei 110 wieder einsteigen etc. Er hat dann zwar die ganze Bewegung von 100 auf 200 mitgemacht, aber im Endeffekt nur 40 Punkte, nicht 100 verdient. Alles übrige war die Luft dazwischen.

Der andere Händler hatte vielleicht Pech, mit Aktien von Fluggesellschaften zum Beispiel, die zu der Zeit einen Einbruch erlebten und etwa von 100 auf 70 fielen. Er hatte gar keine Chance, »Performance« zu machen, denn er wollte ja keine Verluste riskieren, die bei der in diesem Geschäft üblichen monatlichen oder sogar wöchentlichen »Erfolgskontrolle« seiner Karriere geschadet hätten. Also wartete er, der Kurs fiel auf 90, er mußte weiter warten – und blieb hängen. *Das* macht den Unterschied und entscheidet über den Erfolg des einzelnen Händlers, nicht die kurzfristige »Performance«, wie die Untersuchung angeblich ergeben hatte.

Henry Buhl war so beeindruckt, daß er mir trotz meiner fundamentalen Kritik an seiner Philosophie anbot, bei IOS einzusteigen und gleich von Anfang an mit zehn Millionen Dollar zu arbeiten. Auf meine Frage, wie die Firma (die zirka drei Milliarden Mark aus deutschen Spargeldern verwaltete) verhindern wolle, daß ich nicht gerade 10 000 IBM-Aktien kaufe, während ein anderer Kollege (wir wären zehn Händler gewesen) 10 000 IBM-Aktien verkaufe, war die Antwort von Henry Buhl III. kurz, aber vielsagend. Das störe ihn überhaupt nicht. Wenn wir geschickt wären, könnten wir beide Profit machen. Meine Abfindung wären übrigens 20 Prozent von dem Ergebnis gewesen, um das ich den Dow-Jones-Index geschlagen hätte. Daß der Dow Jones auch einmal zurückgehen kann, davon war natürlich überhaupt nicht die Rede.

Was ich in diesem Gespräch gehört hatte, reichte mir. Ich ging nicht zur IOS. Statt dessen schrieb ich meinen ersten Artikel gegen dieses Schwindelunternehmen.

Leider kam meine Entlarvungskampagne damals zu spät. Jahrelang hatten Presseorgane die Tätigkeit der Investmentfonds in den schönsten Farben geschildert. Ich bin überzeugt, daß gerade die ausführlichen, farbenprächtigen Reportagen über das glanzvolle und luxuriöse Leben der Fondsgründer und -manager dazu beigetragen haben, daß Tausende von kleinen Sparern diesen Abenteurern und ihrem neuen König Midas, alias Bernard Cornfeld, ihr Vertrauen schenkten. Die Tagespresse berichtete ausführlich und neutral über die Ereignisse in der Off-shore-Fonds-Industrie. Aber sie hat die Fonds im Grunde nie angegriffen. Diese Tatsache allein war schon die beste Propaganda. Wenn man sich an die marktschreierischen und betrügerischen Versprechungen der Fondsverkäufer erinnert und sie mit den »Erfolgen« vergleicht, so kann man nur die Frage stellen: Wie konnte das geschehen? Wie konnten die verantwortlichen Behörden in Deutschland diesem betrügerischen Treiben so lange untätig zusehen? Man steht vor der Frage, warum die Off-shore-Fonds-Industrie in Deutschland einen so ungeheuren Erfolg hatte, einmal davon abgesehen, daß die Werbung völlig frei war.

Man hatte einen neuen Trick gefunden, denn Off-shore-Fonds sind Investmentfonds, die in einem exotischen Land registriert werden, wo sie keinerlei Kontrolle durch die Gesetzgebung oder andere Überwachungsorgane unterliegen. Infolgedessen können ihre Leiter auch kaum jemals zur Verantwortung gezogen werden, dem »Diebstahl« sind also Tür und Tor geöffnet!

Waren Herr Cornfeld & Co Genies? Bestimmt nicht. Der ganze Fondszauber ist ihnen durch eine glückliche Konstellation in den Schoß gefallen. Ich bin davon überzeugt, daß Cornfeld kein Betrüger war. Er war nur unerfahren, ungebildet, primitiv und wußte nicht, was die Börse überhaupt ist; auch von Börsengeschichte hat er nicht die mindeste Ahnung gehabt. Er hat tatsächlich geglaubt, er hätte das Schießpulver erfunden. Er wußte auch nicht, daß man schon im 17. Jahrhundert an der Amsterdamer Börse ebenso lustig herumspekulierte wie heute in Wall Street. Da die Kurse einige Jahre ununterbrochen gestiegen sind, hat er die These aufgestellt, daß die Effekten jährlich an der Börse fünfzehn Prozent eintragen. Und diesen monströsen Irrtum hat er auch dem Publikum eingeredet.

Das Heer seiner Mitarbeiter sah zu ihm auf wie zu einem Apostel. Sein Privatleben, der Luxus, mit dem er sich umgab, hat seinen Nimbus in den Augen dieser jungen Männer nur noch erhöht. Jeder wollte ein zweiter

Cornfeld werden. Und die kleinen Leute dachten, wenn sich Herr Cornfeld mit seinen Fonds ein solches Vermögen erwerben konnte, würden auch sie dasselbe erreichen. Sie haben aber nicht daran gedacht, daß Cornfelds Luxusleben mit ihrem Geld finanziert wurde.

Ich gebe zu, daß auch ich einmal so etwas wie Neid auf den »großen« Bernie Cornfeld empfand. Es war auf der Antiquitätenausstellung im Grand Palais in Paris, die ich gern besuche. Ich bewunderte die wunderschönen Stücke und dachte plötzlich: Bernie Cornfeld könnte sich, auch wenn er nichts davon versteht, alles leisten, was hier angeboten wird, selbst über die höchsten Preise würde er nur lachen. Der Neid begann an mir zu fressen. Doch plötzlich erklang Musik, eine Brahms-Sinfonie, die ich sehr liebe. Da war ich sofort getröstet. Das habe *ich,* sagte ich mir, das hat *er* bestimmt nicht.

Sein unerwarteter Erfolg erklärte sich durch die Diskrepanz zwischen einem plötzlich explosiv anwachsenden Sparkapital auf der einen und einer mangelhaften, fast nicht existenten Infrastruktur für Anlageverwaltung auf der anderen Seite. Und woher sollte diese Infrastruktur auch stammen? Das deutsche Publikum war seit 1930 aus dem internationalen Kapitalstrom ausgeschaltet. Wo sollte also Deutschland echte Fachleute auf dem Anlagengebiet und speziell auf dem internationalen hernehmen?

Kein Wunder also, daß sich der kleine deutsche Sparer glücklich fühlte, wenn nun ein sogenannter »Anlageberater« an seine Tür klopfte. Er war hochwillkommen, wurde ins Haus zu einer Tasse Kaffee eingeladen.

In keinem anderen zivilisierten Land außerhalb der Bundesrepublik wurde dieser Unfug in diesem Maße zugelassen. Deshalb waren die Off-shore-Investment- und Immobilienfonds nur auf das Ausplündern des deutschen Publikums aus. Sie trugen alle das Etikett: »Made *for* Germany.«

Die Fondsmanager jonglieren mit den gefährlichsten und oft wertlösen Papieren hin und her – ich glaube, bis heute. Ihre Methode ist folgende: Kaum haben sie eine Aktie gekauft, so stoßen sie diese mit kleinem Nutzen wieder ab, springen auf ein anderes Papier über und so weiter, mit der Absicht, den zukünftigen Fondskäufer mit bestechenden Erfolgen anzulocken. Wenn diese Manager aber unglücklicherweise auf schlechte Aktien gesetzt haben, dann bleiben sie im Verlust stecken. Kleine Gewinne, große Verluste. Kein Fachmann mit Erfahrung kann Spielern dieser Art Gutes voraussagen. Sie bleiben Winkelspekulanten, auch wenn sie mit Milliarden umgehen. Es sind die gleichen Methoden, und es ist die gleiche Mentalität.

Die Performance Funds sind keine Anlagefonds (wie die europäischen Banken sie verstehen), sondern ganz vulgäre Spielsyndikate. Die deutschen Sparer wissen nicht einmal, daß man mit ihren Sparpfennigen rücksichtslos und unverantwortlich, oft in Schwindelpapieren, herumfuchtelt. Ich bin selber Spekulant und weiß also, was Spekulieren heißt, welches Risiko man eingehen muß. An der Börse spielen, ja, aber mit eigenem Geld!

Außerdem ist das Versprechen eines jährlichen Gewinns von fünfzehn Prozent eine Vorspiegelung absolut falscher Tatsachen. Die Fondsmanager sind durchschnittlich fünfundzwanzig Jahre alt und haben von den tückischen Fallen der Börse nicht die geringste Ahnung. In den nächsten Jahren werden sie einige Erfahrungen machen, dann wird es aber für die Anteilbesitzer längst zu spät sein. Die Fondsmanager haben nur eine Erfahrung, nämlich die, wie man die Fonds am besten den gutgläubigen Käufern anhängen kann. Und warum auch erst ein langjähriges Wissen über Wirtschaftspolitik, Geld und Kapitalmarkt ansammeln, wenn doch nur nach dem Grundsatz gehandelt wird, den schon Alexandre Dumas formuliert hat: »Das gute Geschäft, das ist immer das Geld der anderen!«

Wäre es mir damals gelungen, auch nur einen Sparer davon abzubringen, 1000 DM in Fondszertifikaten anzulegen, hätte ich meine Mission als erfüllt angesehen. Warum war ich so pessimistisch? Die Führung eines Investmentfonds verlangt drei Voraussetzungen: Ehrlichkeit, Verantwortungsgefühl und Erfahrung. Über die Ehrlichkeit will ich mich nicht weiter auslassen, zumal ich jeden so lange für ehrlich halte, bis er das Gegenteil bewiesen hat. Ich habe zwar hinsichtlich des Anstands der Fondsmanager meine persönliche Meinung. Da ich aber keinen Einblick in die Bücher habe, kann ich kein sachliches Urteil abgeben. Meine pessimistische Einstellung beruht auf meiner jahrzehntelangen Börsen- und Menschenerfahrung. Was ihr Verantwortungsgefühl betrifft, kann ich aber bedenkenlos die schärfste Kritik üben. Man hat kleine Leute, die von Börse und Spekulation keine Ahnung hatten, davon überzeugt, daß sie jährlich einen Gewinn von fünfzehn Prozent einstreichen würden. Diese Art von Börsenphilosophie beruht auf einem optischen Irrtum, ihre Verbreitung ist schlechthin kriminell. Man kann an der Börse verdienen, viel verdienen, eventuell sogar reich werden, man kann aber auch verlieren, viel verlieren und auch zugrunde gehen. Aber nie kann man durch Börsenspiel ein Pro-Jahr-Einkommen in festen Prozentsätzen sicherstellen.

Und raffiniert und geschult waren die Verkäufer tatsächlich. Ich habe einmal einen von ihnen empfangen, weil ich die Werbestrategie kennenlernen wollte. Ein Freund gab meine Adresse weiter mit dem Hinweis, da sei jemand, kein Geschäftsmann, sondern Musiker und Schriftsteller, ein sehr wohlhabender Mann, der wäre was für IOS. (Heute ginge so etwas leider nicht mehr, jetzt bin ich zu bekannt durch die Medien.) Ich habe mir den Sermon angehört und muß sagen, es war wirklich phantastisch, wie er mir das IOS-Konzept schmackhaft machte. Ich war fast besiegt!

Zum Thema Erfahrung möchte ich folgendes feststellen: Die Fondsmanager haben selbst an den jährlichen Zuwachs von fünfzehn Prozent geglaubt und an die Art und Weise, wie sie diesen an der Börse erspielen wollten; dies aber ist ein Beweis für ihre Unerfahrenheit. Und da sie unerfahren waren, handelten sie auch unverantwortlich. Sie ahnten nicht, welche Fallen ihnen die Börse stellen würde.

Die Fondsmanager haben versucht, ihr persönliches Fiasko der Börse in die Schuhe zu schieben. Sie seien nicht dafür verantwortlich gewesen, daß die Kurse gefallen seien. Das ist grundfalsch. Erstens notierte der Dow-Jones-Index im Januar 1972 nicht viel tiefer als sein historisch höchster Stand. Hätten die Fondsmanager mit den Sparpfennigen der kleinen Leute erstklassige Werte gekauft, wären überhaupt keine Verluste entstanden, die Zertifikatsbesitzer hätten sogar Profite zu verzeichnen gehabt. Sie haben aber eine Menge von Nonvaleurs und Schwindelpapieren gekauft, und oft haben sie die erworbenen Aktien, die sogenannten letter stocks (Aktien, von denen nur ein kleines Quantum offiziell notiert ist und der Großteil gesperrt bleibt) mit betrügerisch hohen Preisen in ihre Bilanzen eingereiht. Außerdem sind sie verantwortlich dafür, daß sie die kleinen Leute zu diesen wilden Börsenspekulationen verführt haben, obwohl jene vorher mit ihren Sparkonten, Pfandbriefen etc. ein bescheidenes, aber sicheres Einkommen besaßen. Ich habe Hunderte von Briefen kleiner Sparer erhalten, die sich darüber beklagten, daß sie sich wegen der Fonds heute in tragischen finanziellen Situationen befänden.

Welche Lehre ich aus der Geschichte des Fondszaubers ziehe? Für jeden, sogar den kleinen Kapitalisten, der über hinreichende Mittel verfügt, um ein kleines Portfolio mit relativ breiter Palette aufzubauen, bleiben Wertpapiere (Aktien, Wandelanleihen etc.), die er mit Hilfe eines erfahrenen Fachmannes auswählt, eine gute Anlage. Für den Minisparer, dessen Mittel zu einer Variierung der Anlagen nicht ausreichen, sind Investmentfonds – aber ausschließlich solche, die von europäischen Behörden kontrolliert werden – eine mögliche Lösung.

Und Bernie Cornfeld und Co? Sie leben auch heute noch in Luxus, und Herr Cornfeld protzt manchmal in einem Interview in Hollywood, daß er sein Privatvermögen noch immer auf 40 bis 50 Millionen Dollar schätze. Und das alles auf Kosten der kleinen Sparer. Erstaunlich bleibt nur, daß es bis heute auch nicht zum kleinsten Zwischenfall mit einem seiner Opfer gekommen ist. Die Chuzpe dieser Fondsherren und die Dummheit der kleinen Sparer sind wahrlich nicht zu überschätzen.

ZWÖLFTE VORLESUNG:

Keine Börse ist der anderen gleich

Wenn die europäischen Börsen ihre Pforten schließen, wacht New York auf. Einige Stunden später Chicago, dann San Francisco, und zu der Stunde, wo in Amerika Nacht ist und Wall Street sich zur Ruhe begibt, empfängt die Börse in Tokyo am anderen Ende der Welt die Menschenmenge, die sich täglich über sie ergießt. Nach Hongkong folgen Singapur, Sidney, Taiwan, dann Bombay, und am frühen Morgen übernehmen Tel Aviv und Athen die Schicht; dann Mailand, auch Madrid, und zu gleicher Zeit Frankfurt, Paris und London. Einige Stunden später kommt wieder Wall Street, und so ist der Kreis der 24 Stunden geschlossen.

Ich werde heute mit der neuesten Geburt einer Börse, der Budapester Börse, beginnen. Anläßlich dieser Geburt (1990) hielt ich einen Vortrag in ungarischer Sprache, wo ich die jungen Kommunisten im Auftrag von Fachleuten davon zu überzeugen suchte, daß eine Börse für die wirtschaftliche Entwicklung unerläßlich sei.

Salvador Dalí behauptete, daß der Bahnhof von Perpignan der Nabel der Welt sei. So weit will ich nicht gehen und behaupten, daß die Budapester Börse der Nabel der Welt der Finanzen sei. Obwohl ein winziger Kern von Wahrheit darinsteckt. Wertpapier- und Getreidebörsen befanden sich nebeneinander in demselben monumentalen Gebäude des Jugendstils. Die Getreidebörse und ihr Terminhandel waren vor 1914 die bedeutendsten in Europa, das Kornlager der k. u. k. Monarchie. Ganz Ungarn spekulierte in Getreide, in erster Linie Hafer – der für die Armee so wichtig war wie heute Benzin. 1949 wurden beide Börsen geschlossen, und den letzten Tag habe ich noch selber miterlebt.

Nach 40 Jahren Winterschlaf wurde, dank der neuen Entwicklung, die Wertpapierbörse 1988 wieder ins Leben zurückgerufen – als Mikrobörse. Nun, seit 1990, hat sie sich zur Minibörse gemausert, mit nur 60 Aktien, 400 Anleihen, 35 Teilnehmerbanken und Maklern, die um einen hufeisenförmigen Tisch sitzen und von 10 bis 12 Uhr mit lautem Wort jedes Angebot und jede Nachfrage aufrufen. Eine Minibörse zwar mit Minitransaktionen, aber dennoch eine Börse – in einer Stadt, wo die Universität bis 1990 noch »Karl-Marx-Universität« hieß. Eine große Errungenschaft für die Renaissance eines Mikro- oder Minikapitalismus in Ungarn, mit der großen Hoffnung, daß kleine Fische auch einmal groß werden ...

Als ich vor vielen Jahren die Sowjetunion bereiste, wollte ich auch den berühmten »verstorbenen« Börsen von Moskau und Petersburg meine Reverenz erweisen (ich ahnte damals noch nicht, daß sie sich einmal als bloß scheintot, wenn auch für lange Jahrzehnte, herausstellen könnten). Kein Mensch in Moskau konnte mir sagen, wo die alte Börse zu finden sei; die meisten wußten noch nicht einmal mit dem Begriff etwas anzufangen. Endlich traf ich einen alten Herrn, der mich zu dem ehrwürdigen Gebäude führte, das seinerzeit schon als Lager für das Kaufhaus Gum diente. In Leningrad wußte ich von alten Stichen, wo sich die Börse befindet: an der Newa, gegenüber des Liegeplatzes des Panzerkreuzers Aurora. Heute beherbergt sie das Marinemuseum. Ich besitze von beiden Erinnerungsfotos.

Vor vier Jahren kamen nach einem Vortrag an der westfälischen Wilhelms-Universität in Münster zwei Professoren aus Moskau zu mir und sagten: »Sie werden es noch erleben, daß wir Sie einladen, an der Moskauer Universität eine Vorlesung über die Börse zu halten.« Ich würde mich freuen, auch an der Wiedereröffnung der alten Börsen von Petersburg und Moskau teilnehmen zu können.

Von Budapest wandern wir wie die Sonne in Richtung Westen. Die nächste Station heißt Wien: eine süße kleine Börse heute, aber mit großer Tradition aus der Zeit, als Wien noch das Zentrum der k. u. k. Monarchie war. Das ist sie zwar nicht mehr, aber sie hat sich doch vor drei, vier Jahren als die erfolgreichste Börse entpuppt, wo man prozentual gesehen die größten Gewinne machen konnte – aber natürlich mit relativ kleinen Quantitäten. Nichtsdestoweniger ist sie heute sehr stolz auf ihre »performance«.

Im Gegensatz zu Wien steht die Züricher Börse in umgekehrtem Verhältnis zur Größe des Landes. Große Umsätze, großer Lärm, große Spekulanten mit internationalen Wärtern aus aller Welt. Die Schweizer haben es nicht nötig, in Amerika zu spekulieren. Wenn Europäer von der Tendenz von Wall Street des vorhergehenden Abends in der einen oder anderen Richtung beeindruckt sind, können sie sofort, ohne die New Yorker Eröffnung abwarten zu müssen, an der Züricher Börse mit amerikanischen Papieren handeln.

Zur selben Zeit geht auch in Mailand der Handel munter weiter. Ein Spielsaal mit risikofreudigen Teilnehmern, wo auf der Besuchergalerie auch Frauen eifrig mithalten. Daneben Venedig: eine Minibörse am schönsten Boulevard der Welt – dem Canale Grande. Neben der Kirche von San Moise ruhen die Gebeine von John Law, dem größten Spekulanten der Geschichte, der aber als armer Bettler starb. Wenn ich durch Venedig komme, versäume ich nie, ein Blumensträußlein auf sein Grab zu setzen. Dann Rom: Errichtet im Jahre 1821 aufgrund eines Erlasses der Vatikan-Regierung.

Was den Süden betrifft, so darf man Madrid und Lissabon nicht vergessen. Madrid hat den schönsten Börsensaal mit besonders eleganten Agenten. Das Publikum darf gratis auf die Galerie, aber das lohnt sich nicht mehr. Es wird hier leider im wörtlichen Sinne immer stiller, da die Agenten mehr und mehr mit ihrem bunten Treiben durch Computer in den einzelnen Büros ersetzt werden. Interessant übrigens, daß Francos Bild noch immer in einem der Kongreßsäle der Börse hängt. Die spanische Börse ist zwar heute noch relativ unbedeutend, aber man kann ihr eine brillante Zukunft voraussagen.

Barcelona hat den Vorteil, daß jeder gegen ein Entgelt von 50 Peseten sogar auf das Parkett darf.

Lissabon hat schon immer existiert, aber nach einer großen Euphorie – importiert aus Rio – stellte sie sich scheintot unter Spinola, wo nicht nur alle Unternehmen verstaatlicht, sondern auch alle Aktiendepots streng blockiert wurden. Bei einem Besuch erlebte ich selbst mit, wie nur drei Transaktionen (in Staatspapieren) an einem Tag getätigt wurden – weniger, als am Flohmarkt gegenüber am Tajo-Ufer. Die Erklärung fand ich bald, als ich die Namen der drei Straßen las, die die Stadt mit der Börse verbinden: Straße des Silbers, Straße des Goldes und Straße der Lumpensammler. Mir war klar: Das Publikum kam auf den ersten beiden Straßen zur Börse hin, verließ diese aber auf der letztgenannten . . .

Nun aber, mit der Euphorie der Weltbörsen und dem Eintritt Portugals in die EG, ist die Scheintote wieder zum Leben erwacht. Sogar ich mußte dort schon einen längeren Vortrag für Studenten und Spekulanten halten und sie in die Geheimnisse der Spekulation einweihen.

Parallel laufen Frankfurt und alle deutschen Börsen mit. Frankfurt – einst das Lehen der Rothschilds. Das hat sich seither gewaltig geändert. Noch heute erzählt man die Anekdote, in der diese den Wunderrabbiner von Fürth befragen, wie sie sich im folgenden Jahr verhalten sollen. Die Antwort kam prompt, aber zweideutig: »Kaufen nicht verkaufen« – ohne Komma! Auch der Klügste konnte daraus nicht schlau werden.

Düsseldorf ist eine spätere Börse, nach deutscher Manier straff organisiert. Berlin, ehemals riesig mit Terminhandel, Optionen und allen Schikanen (wie jetzt in Frankfurt wieder begonnen), heute aber noch eine Provinzfiliale von Frankfurt und Düsseldorf. Dank der letzten Ereignisse kann daraus wieder eine Weltbörse werden.

München: Eine Bronzetafel am Eingang mit der Inschrift »Spekulation« sagt uns unverblümt, was in dem Gebäude vor sich geht. Die erste Börse auf dem Gebiet der ehemaligen DDR könnte Leipzig sein.

Weiter nördlich treffen wir auf die Börsen von Brüssel und Amsterdam; erstere einst mit der größten Frauenkundschaft und infolgedessen auch ziemlich hysterisch. Letztere stolz auf ihre Vergangenheit als die erste Börse im modernen Sinn. Schon im 17. Jahrhundert funktionierte sie genauso wie die modernen Börsen von heute vor einer Computerisierung.

Noch nördlicher liegt Kopenhagen: Untergebracht in einem alten königlichen Palast, ist sie die freundlichste Börse der Welt. Der Besuch eines ausländischen Börsianers ist immer eine willkommene Gelegenheit zu zahlreichen kulinarischen Genüssen.

Oslo: »Jeder anständige Mensch darf hier eintreten«, sagt ein Paragraph. Bliebe nur festzustellen, was ein anständiger Mensch ist.

Stockholm: Die leiseste Börse – man könnte eine Stecknadel zu Boden fallen hören – und mit viel nordischem Phlegma. Schon 1932 besuchte ich den Börsensaal; und schon damals erfolgten die Notierungen durch elektrische Geräte; es gibt kein »Ich gebe ..., ich nehme ...«; man braucht nur einen Knopf zu drücken, um Angebot und Nachfrage, Quantität und Kurs anzuzeigen; das übrige erledigt der Computer.

Und wie könnte ich Paris vergessen, wo ich doch selber aufgewachsen bin? Die leidenschaftlichste und aufnahmefreudigste für neue Ideen! Vor einigen Jahren noch war hier das zahlreichste Publikum vertreten: zwischen 5000 und 10 000 Personen – je nach der Sensation des Tages. Heute ist es leider still um Paris geworden. Wir paar Hundert treffen uns noch dort, aber nur noch, um uns Anekdoten zu erzählen. Die Pariser Börse war bis heute oft das Schlachtfeld von Syndikaten. Außerdem waren große Kursschwankungen möglich – dank der Verstaatlichung und der darauffolgenden Privatisierung.

London: Mit ihrer Tradition und ihrer Etikette die aristokratischste und internationalste aller Börsen. Aber ... horribile dictu: Vor kurzer Zeit konnte ich in dem großen, schönen Börsensaal nicht mehr als 20 Personen zählen – der Fluch des Computers! Und dank dieser Computer jonglieren die jungen »golden boys« mit den Milliarden ihrer Arbeitgeber herum. Nach dem Krach von 1987 wurden 60 000 von ihnen gefeuert, denn sie hatten horrende Verluste hinterlassen.

Die Spekulation ist gleichermaßen aktiv an den Warenbörsen, von den Edelmetallen bis zum Pfeffer. Es gibt hier einen ganz besonderen Markt: den Handel mit Gold und Silber. In einem Büro des Bankhauses Rothschild versammeln sich jeden Tag um 10.30 Uhr die fünf »bullion brokers«, die führenden Makler für Edelmetalle. Nicht etwa, um gemeinsam Tee zu trinken, sondern um die Kurse für Gold und Silber festzulegen. Obwohl für diese Art von Handel Chicago schon eine starke Konkurrenz darstellt, sind in ihren Büchern alle Aufträge der Welt erfaßt. Vor nicht allzu langer Zeit nahm auch Moskau für sich in Anspruch, auf diesem Markt vertreten zu sein, da es schon längere Zeit als Verkäufer auftritt. – Wenn die Sitzung nach ein paar Minuten ohne Trubel und Tumult beendet ist, werden die Kurse in alle Winkel der Erde gekabelt und können dort viel Lärm verursachen.

Nach Europa mache ich nun einen »kleinen« Sprung zu einigen Börsen Südamerikas.

Buenos Aires: Großes Kasino, laut und widerlich. Man fischt hier im trüben und setzt alles daran, daß das Gewässer trübe bleibt. Die Börse ist sehr stark beeinflußt von den innenpolitischen Ereignissen, die manchmal Kursschwankungen von 1 bis 100 verursachen.

Lima: Die winzigste Börse, wo ich bei einem Besuch drei Personen zählte: den Präsidenten, der präsidierte, den Kursmakler, der notierte, und ein Teilnehmer, der jedesmal den Kopf schüttelte, wenn der Kurs eingetragen wurde.

Caracas: Die Börse begann im 19. Jahrhundert mit Zusammenkünften im Schatten eines Baumes; bis heute hat sie sich zu einem sehr modernen Hochhaus emporgearbeitet.

Rio de Janeiro: Hat hie und da seine Glanztage gehabt, die sogar Lissabon angesteckt haben. Die »Senores« verhandeln oft über Immobilienspekulationen, aber auch über Effekten dank der galoppierenden Inflation.

Montevideo lächelt, wenn die anderen Südamerikaner die Zähne zusammenbeißen. Die Geschäfte – besonders mit Devisen – blühen, wenn überall sonst in Südamerika Unordnung herrscht, und sie sind rückläufig, wenn anderswo wieder Ruhe eingekehrt ist. Gewissermaßen die Schweiz dieses Kontinents.

Jetzt landen wir glücklich in Wall Street, über die schon unzählige Bücher, Artikel und Abhandlungen veröffentlicht worden sind. Und so bleibt mir nicht mehr viel Neues zu sagen. Amerikas Herz schlägt nach dem Puls von Wall Street. Es ist das El Dorado der großen Finanzleute, von den heroischen Zeiten bis heute. Aber gewissenhafte Staatsbeamte überwachen die Operationen und sollten das so oft geplünderte Publikum schützen. Leider gelingt ihnen das nicht immer; die Gruppeninteressen sind zu stark und können so viele wichtige, wünschenswerte Maßnahmen verhindern.

Die moderne Technik steht dem Publikum von ganz Amerika zur Verfügung. Das Band des Kurstickers läuft gleichzeitig mit der Notierung, und so müssen die Makler am Pazifik schon um sechs Uhr früh in ihren Büros sein. Ein harter Beruf! Von der kleinsten Stadt in Indiana oder New Mexico aus können die Spieler in der gleichen Minute an den New Yorker Transaktionen teilnehmen, vielleicht sogar besser, als wenn sie direkt mit von der Partie wären. Der Rhythmus des Tickers gibt das Volumen der Operationen an. Läuft er ruhiger, bedeutet das, daß das Geschäft kleiner ist. Und wenn das Band schnell aus der Maschine springt und den Transaktionen nicht einmal nachkommen kann, bedeutet das, daß sich große Dinge in Wall Street tun. Boom oder Panik, das läßt sich am Klang des Tickers erkennen.

Chicago, die Königin der Getreidebörsen, das »board of trade«, diktiert den Preis unseres täglichen Brotes. Doch heute ist sie viel mehr: Nicht nur, daß es ein »Muß« ist, diesem Getümmel und Herumgefuchtel und dem ganzen anderen Drum und Dran zuzuschauen, Chicago ist auch das gigantischste Roulettespiel in Zinsen, Währungen und Indexspekulationen. Mit minimalem Einsatz kann man Millionen er- und verspielen. Gegen dieses perverse Roulettespiel ist die Wertpapierbörse eine kleine Skatpartie. Ich schreibe immer dagegen; aber was ist schon mein kleines Wort in der Wüste!

Zwei Stunden später kommt San Francisco, wo man Geschäfte machen kann, indem man die Nachrichten auswertet, die dank des Zeitunterschiedes erst nach »Redaktionsschluß« in New York kommen.

Überqueren wir nun den großen Teich: Tokyo ist die lebhafteste Börse der Welt, Attraktionszentrum des täglichen Lebens der Japaner. Sie haben ja soviel Geld, daß sie nicht wissen, was sie damit anfangen sollen. Und so kaufen sie in der ganzen Welt alles, »what money can buy«. Warum sollen sie dann nicht auch ihre eigenen Aktien kaufen, wenn sie schon alles andere in der Welt überbezahlen? Die ganze Stadt redet nur von der Börse; Bestseller der japanischen Verlage: Bücher über die Spekulation. Auch die Regierung spielt eine große Rolle für die Tendenz; denn nur eine Ukase der Regierung, zu kaufen oder zu verkaufen, setzt schon damit die Tendenz fest. Die Mentalität des Publikums ist eine ganz andere und einem Europäer durch und durch unverständlich.

Ziehen wir nun weiter und kommen in Hongkong an: Die Börse, der Turm von Babel, von englisch bis chinesisch, von französisch bis ungarisch, von jiddisch bis russisch, ist jede Sprache vertreten; sie ist die Nachfolgerin von Schanghai, aber wie lange noch?

Sidney: Englische Tradition, amerikanische Wirtschaftskonzeption, die Hauptakteure sind Europäer. Sie wurde von ungarischen Flüchtlingen gegründet. Und so ist sie auch kein Markt für Schulkinder oder Herzkranke. Die Aktien sind leicht zu kaufen, aber es ist oft schwer, sie wieder abzustoßen.

Johannesburg ist dagegen im englischen Stil organisiert, nach dem Muster des Londoner Stock Exchange vor der Computerzeit. Ein sehr seriöser Markt trotz der politischen Komplikationen, wo die Goldminen in ganz großem Stil gehandelt werden.

Auch Bombay handhabt seine Börse sehr britisch: Parsen mit starkem Oxfordakzent sind die Hauptakteure. Die Menge, die noch zahlreicher ist als in Europa, macht Geschäfte am Goldmarkt, der durch Schwarzeinfuhren gespeist wird. Man spekuliert mit allem: Baumwolle, Jute, manchmal sogar mit Whisky; spezielle Buchmacher nehmen Wetten an, wie wohl der Dow-Jones-Schlußkurs in Wall Street aussehen wird. Die kleinsten Leute versuchen hier ihr Glück.

Auf der Reise Richtung Westen kommt man in Tel Aviv vorbei. So paradox es auch klingen mag, ist dort die Börse nur sehr schwer zu finden. Vor einigen Jahren wußten einige Leute, die ich danach fragte, nicht einmal, daß es sie überhaupt gibt. Aus den Kindern sind aber seither Erwachsene geworden. Vor Jahren, während des israelisch-ägyptischen Krieges, flüchteten die Börsenangehörigen während eines Bombenalarms in die Luftschutzkeller, aber sobald die Gefahr vorüber war, liefen sie wieder zurück, und die Börse machte munter weiter, als wäre nichts geschehen.

Die Börse von Istanbul ist im Hof der Kaviarlagerhäuser am Ufer des Bosporus untergebracht; das Publikum ist bunt gemischt: Griechen, Syrer, Armenier, Juden, die ganze Welt, nur keine Türken.

Und nun, bevor die 24 Stunden abgelaufen sind, sind wir in Athen, einer modernen, 1901 gegründeten Börse. Zwei Schritte von dem Baum des Sokrates entfernt, wo die Nachfolger der Geldwechsler sich schon lange in Jackett und Zylinder zusammengefunden haben.

Alle diese Börsen wirken in zunehmendem Maße wie kommunizierende Röhren, werden voneinander immer abhängiger. Es wird irgendwo in der Welt auf einen Knopf gedrückt, und in 5000 Kilometer Entfernung kann man die Wirkung spüren. Das ist die Börse ..., ein Reich wie das des Kaisers Karl V., in dem die Sonne nie untergeht.

ABSCHLUSSKOLLOQUIUM:

Meine drei Karrieren

Bald werde ich 85. So bleibt zwar noch viel Zeit, alt zu werden. Doch Anlaß, wieder einmal Bilanz zu ziehen, besteht allemal. Wie ist der Saldo? Kann ich zufrieden sein? Jein!

Nein, weil die Zeit zu schnell vergangen ist. Ja, weil ich nur eine Ambition hatte, nämlich materielle und intellektuelle Unabhängigkeit zu erlangen. Dies ist erfüllt, und so kann ich sie genießen. »So ist es gut, so ist es recht, niemandes Herr, niemandes Knecht!« Das ist mein Erfolg.

Meine Eltern waren wohlhabende Großbürger: Mein Vater ein kluger, angesehener Unternehmer in Budapest, meine Mutter – sehr musikalisch – ein wahrhaftiger Schöngeist, deren Talente zu malen und schreiben nicht zum Tragen kamen, weil sie ihr ganzes Leben der Erziehung ihrer vier Kinder gewidmet hat. So wie Goethe sagt: »Vom Vater hab' ich die Statur, des Lebens ernstes Führen, vom Mütterchen die Frohnatur und Lust zu fabulieren.« Das ganze Hab und Gut ging freilich nach dem Zweiten Weltkrieg verloren. Doch dank der Ausbildung, die sie mir gegeben hatten, konnte ich für sie in ihrem hohen Alter in der Schweiz königlich sorgen.

Ich studierte Philosophie und Kunstgeschichte an der

Uni von Budapest. Zur Musikwissenschaft ist es schon nicht mehr gekommen, da ich mit einem Fallschirm an der Pariser Börse landete und dort auch blieb. Später studierte ich im Dschungel der Finanzwelt in New York, London und Zürich. Ich bin heute in zehn Städten zu Hause, spreche vier Sprachen: Ungarisch mit dem lieben Gott, Französisch mit meinen Freunden, Englisch mit den Bankiers, Deutsch mit meinen Schülern und alle vier mit den Damen.

Als 35jähriger schon – meine erste Karriere war sozusagen vollendet – konnte ich mit dem Einkommen meines Kapitals in Ruhestand gehen. Doch ohne Aktivitäten und Sorgen wurde ich mit 50 neurotisch, mich quälten sogar Depressionen. In dieser Krise begann meine zweite Karriere als Finanzjournalist und Buchautor – dank eines Professors der Psychologie. Ich bat den berühmten Leopold Szondi, der in Zürich lehrte und praktizierte, um Rat. Er unterzog mich seinem auch heute noch überall angewandten Szondi-Test: Ich mußte 48 Fotos auswählen und nach Sympathie und Antipathie sortieren, Szondi mischte die Karten erneut, und ich wiederholte die Übung mehrere Male. Dann begann er zu rechnen und kalkulieren, schließlich fragte er mich unvermittelt: »Wer in Ihrer Familie war ein Sadist? Erschrecken Sie nicht, ich meine damit jemanden, der besonders viel Energie besitzt und leicht explodiert.« »Natürlich mein Vater«, antwortete ich spontan, »er konnte schrecklich jähzornig sein. Meine Mutter war besonders sanft.«

»Dann haben Sie die Natur Ihres Vaters geerbt. Sie haben sehr viel Energie in sich aufgestaut, die explodieren möchte, aber kein Ventil findet. Haben Sie manchmal Wutanfälle?« Ich mußte es zugeben. »Sehen Sie.

Und da Sie ein zivilisierter Mensch sind, kämpft Ihre Natur gegen den Ausbruch der aufgestauten Energie, es entsteht ein seelischer Konflikt. Wenn Sie ein primitiver Mensch wären, würde ich Ihnen raten: Hacken Sie Holz, biegen Sie Eisen, klopfen Sie Steine! Wenn Sie in dem entsprechenden Alter wären, gäbe ich Ihnen die Empfehlung: Studieren Sie Chirurgie, da können Sie schneiden. So aber rate ich Ihnen: Schreiben Sie! Was interessiert Sie besonders?« Ich sagte ihm, meine beiden großen Leidenschaften seien die Musik und die Börse. »Dann schreiben Sie darüber.«

Ich bedankte mich und versprach, es mit der vorgeschlagenen Therapie zu versuchen; und ich erinnere mich noch daran, wie beschämt ich mich fühlte, als mir der weltberühmte Professor nach einer Konsultation von Stunden seine Honorarrechnung überreichte: fünfzig Franken.

Und so wurde ich außer Börsenprofi (was keine Energie verbraucht) Finanzschriftsteller. Denn ich bin zwar ein großer Melomane (ein schönes Wort für »Musikbesessener«), doch nicht geschult genug, um die Musik zu einem Beruf zu machen. Mein erstes Buch, auf französisch geschrieben, wurde in sieben Sprachen übersetzt und erschien 1960 bei Henry Goverts unter dem Titel »Das ist die Börse«; einige Zeit später begann ich als Kolumnist bei *Capital.* Depressionen kenne ich seit der Zeit nicht mehr. Voltaire sagte zwar: »Es ist leichter, über Geld zu schreiben, als Geld zu machen.« Doch bei mir war es umgekehrt. Ich mußte zuerst Geld machen, um darüber schreiben zu können.

Als »Das ist die Börse« vor nunmehr 30 Jahren erschien, gab es neben vielen positiven Besprechungen auch eine Rezension in der Züricher *Weltwoche,* die

die Überschrift »Bekenntnisse eines Hochstaplers« (statt »Bekenntnisse eines Spekulanten«) trug. Da hatte man mich offenbar mit Felix Krull verwechselt.

Meine Schwester, die in Zürich lebte, war empört darüber, daß man ihren kleinen Bruder Hochstapler nannte. Und Freunde rieten mir, mich vor Gericht zur Wehr zu setzen, doch ich dachte nicht daran. Wunderbar, sagte ich mir: Man liest doch viel lieber die Bekenntnisse eines »Hochstaplers« als die trockene Abhandlung irgendeines Finanzexperten. Das Buch wurde ein großer Erfolg.

Und in dem angesehenen Wirtschaftsmagazin *Trend,* das in Wien erscheint, gab es vor einigen Jahren einen großen Artikel über mich, wieder mit diesem ominösen Wort aufgemacht. Man hatte einige Börsianer nach ihrer Meinung über mich gefragt, und mein Freund, der ungarische Aristokrat Graf Ambrozy, vor seiner Pensionierung in leitender Stellung bei einem Wiener Bankhaus tätig und heute Orchideenzüchter, äußerte sich folgendermaßen: »Ich halte André Kostolany, den ich im übrigen sehr schätze, für einen Hochstapler.« Beweis: Ich hätte ihn einmal zum Abendessen eingeladen und zum Schluß den Kaffee zahlen lassen.

Das war natürlich ein schlechter Scherz von ihm, doch die Zeitschrift nahm seine Äußerung freudig auf. Und was geschah? Gerade auf diesen Artikel hin erhielt ich aus Wien besonders viele Anmeldungen zu meinem Börsenseminar. Wie werde ich Hochstapler? – das wollte man gerne lernen. Wenn das keine Werbung für mich war.

Mit den Börsenseminaren, die ich seit 16 Jahren zusammen mit meinem Freund und Partner Gottfried Heller veranstalte, begann meine dritte Karriere – als

»Börsenprofessor«. Ich war damals schon gern gehörter Gastreferent bei Banken und an Universitäten gewesen, doch da mir nirgends ein offizieller und permanenter Lehrstuhl angeboten wurde, gründete ich – wenn auch nicht an der Uni, so doch am Kaffeehaustisch – mein eigenes Seminar über Börsenkunde und Börsenprognosen. So konnte ich mir meinen Wunsch nach einem eigenen Katheder erfüllen, von dem aus ich – zusätzlich zu meiner journalistischen Tätigkeit – meine Theorien und Erfahrungen der neuen Generation vermitteln kann.

Was ursprünglich, 1974, als Versuch mit 30 Teilnehmern begann (und mit dem Hintergedanken, Kunden für die von Gottfried Heller betriebene individuelle Depotverwaltung zu gewinnen), erwies sich bald auch als »profit making enterprise« (was billig ist, ist auch nichts wert) mit der zehnfachen Teilnehmerzahl. Inzwischen haben weit über 30 000 Schüler und Schülerinnen an meinen Seminaren teilgenommen, vom Studenten mit ein paar Groschen bis zum Multimillionär, der soeben sein Unternehmen verkauft hat und wissen möchte, was er mit seinem Geld anfangen soll, vom Bordellbesitzer bis zum bischöflichen Verwalter. Manche kommen sogar mehrfach; ich muß vermuten, daß es Fans gibt, die etwas »Kostolany-« oder jedenfalls »börsensüchtig« sind.

Mir selbst wird es auch nie langweilig, im Gegenteil, die Seminarwochenenden sind für mich ein riesiges Kaffeehaus und immer »a Hetz« (das sollte ich nicht zu laut sagen). Die politische und ökonomische Lage, die ich analysiere, verändert sich ständig, und mein Repertoire ist ja nicht klein. Alfred Biolek, dessen journalistische Qualitäten ich sehr schätze, sagte am Ende einer Serie von Talkshows, die ich mit ihm auf einer Messe veranstaltete, bewundernd zu mir: »Ich stelle Ihnen jeden Abend dieselben Fragen, und Ihre Antworten klingen nie gleich.«

Börsentips allerdings gebe ich nie. Tips sind eine Sache der Banken und Broker, die Papiere abladen oder Provisionen kassieren wollen, das wiederhole ich ständig. Aber ich bin überzeugt, daß meine »Schüler« bei mir lernen, nachzudenken, zu analysieren, durchzuhalten und weniger zittrig zu sein. Daß sie auch erfolgreicher sind, schließe ich aus den Dankschreiben, die mich erreichen.

Ich bin auch allgemein bekannt als großer »Kaffeehaus-Amateur« – kein Wunder, denn das Kaffeehaus ist der ideale informelle Treffpunkt für Börsianer. Ich hatte Kaffeehaus-Stammtische in vielen Städten dieser Welt: in Paris natürlich – bis heute –, in New York, in Cannes, auch in Hamburg, Frankfurt oder im gastlichen Foyer einer großen deutschen Bank in Düsseldorf. In München gibt es sogar einen regelmäßigen »Kosto-Stammtisch« im Keller des Bayerischen Hofes, gegründet von meinem alten Freund und Schüler Peter Rieger. Er ist zwar Staatsbeamter, betätigt sich aber in freien Stunden als Börsenspekulant – mit viel Leidenschaft, Ideen und Originalität.

Peter Rieger selbst hat ebenfalls bereits Schüler, die auch keine Berufs-Börsenprofis sind – was nicht heißt, daß sie weniger von der Spekulation verstünden als Makler und Händler. Im Gegenteil! Zwei der versiertesten Börsenkenner in der Schweiz waren zum Beispiel Optiker und Graveur von Beruf, der eine von ihnen arbeitete dann sogar jahrelang als Kellner bei einer bekannten Schweizer Gastronomiekette; auch ich verdanke ihnen einige wertvolle Ideen. Heute sind beide sehr erfolgreich als Finanzberater mit großem Kundenkreis tätig. Wie sagte doch Albert Einstein: »Phantasie ist wichtiger als Wissen.«

Am »Kosto-Stammtisch« wird regelmäßig das Schicksal der Welt intensiv besprochen und entschieden, je nach Lage mit Optimismus oder Pessimismus. Journalisten wundern sich oft, daß ich soviel Zeit im Kaffeehaus zubringe. Ich antworte ihnen dann: Ich kann meiner Profession überall nachgehen, nicht nur im Börsensaal oder am Schreibtisch. Denken kann man überall.

Manchmal hängt man – ausgerechnet – mir das Etikett »Börsenguru« an – eine Bezeichnung, die ich nicht akzeptiere und niemals in Anspruch genommen habe. Gurus sind, wie der Papst, qua definitionem unfehlbar, während wir alle, auch mit noch so großer Erfahrung, irren können. Ein »Börsenprofessor« mit 70 Jahren Erfahrung, das würde ich eventuell akzeptieren.

Kürzlich nannte mich ein Freund scherzhaft den »Reich-Ranicki der Börse«. Nun, Marcel Reich-Ranicki wird ja auch als (Literatur-)»Papst« bezeichnet, beide neigen wir wohl zu apodiktischen Urteilen, haben eine akademische Karriere versäumt und werden von Kollegen angefeindet. Dennoch hat Reich-Ranicki eine Generation von Literaturkritikern geprägt, und ich möchte nicht wissen, wie viele Herausgeber von Börsenbriefen oder deren Spione schon in meinen Seminaren gesessen haben. Vielleicht ist an dem Vergleich wirklich was dran?

Mit Marcel Reich-Ranicki teile ich auch eine gespenstische Erfahrung. Er spricht darüber im Interview mit Herlinde Koelbl, das in deren Buch »Jüdische Porträts« erschienen ist. Ich habe ähnliches erlebt. Wenn ich bei einem Vortrag in der Bundesrepublik bestimmte Wörter gebrauche, etwa »Hitler«, »Jude« oder besonders »Auschwitz«, dann spüre ich einen kalten Lufthauch im Raum, es ist, als ob ein schwarzer Engel durch den Raum ginge. Ich habe dann im ersten Moment das Gefühl, etwas ganz Dummes gesagt oder ein Tabu verletzt zu haben. Diese Wörter dürfen nicht ausgesprochen werden.

Trotz dieses unheimlichen Phänomens, das wohl mit schlechtem Gewissen und unbewältigter Vergangenheit zu tun hat, mußte ich nach dem Krieg in Deutschland nur wenige Erfahrungen mit offenem Antisemitismus machen. Ein einziges Mal kam es zu einem wirklich schlimmen Zwischenfall, ich erstattete deswegen sogar Anzeige. Es war bei einer Konferenz in Frankfurt am Main, wo über Staatsbankrott und pro und contra Gold debattiert wurde. Einige der anwesenden »Propheten« prognostizierten, daß die Deutsche Mark bald ihren Wert total verlieren würde. Ich wandte dagegen ein, daß sich das deutsche Geld immer nur nach einem verlorenen Krieg entwertet habe, nach dem Ersten Weltkrieg und nachdem Hitler Deutschland zugrunde gerichtet hatte. Abends erhielt ich dann im Hotel einen Brief, in dem stand, daß man aus meiner Kopfhaut auch noch einmal Lampenschirme machen würde.

Doch das war die absolute Ausnahme. Häufig höre ich philosemitische Bemerkungen, die hinter meinem

Rücken getan werden und also authentisch sind. Fürst Johannes von Thurn und Taxis sagte einmal während einer Diskussion über Gott und das Geld leise zu seiner Nachbarin: »Mal sehen, was der g'scheite alte Jud dazu sagt.« Das hat mich nicht gestört; bei ihm spüre ich nicht den Hauch eines antijüdischen Ressentiments, ich höre eher ein Kompliment heraus. Ich denke, daß ein Teil meines Erfolges auch daher rührt: Ich trage einen ungewöhnlichen Namen, den man sich leicht merken kann, ich stamme noch aus den alten Zeiten und als k. u. k. Ungar von einem anderen Planeten und habe meinen Buckel seit 70 Jahren an allen Börsen dieser Welt herumgetragen: »Dieser alte kosmopolitische Jud, von dem kann man vielleicht etwas lernen«, mag sich mancher denken.

Ich habe Deutschland und die Deutschen im Grunde sehr gern (sie sind nicht so eingebildet wie etwa die Franzosen), und die Ewiggestrigen befinden sich heute sicherlich in der Minderzahl. Allerdings bringen gewisse superpatriotische Sprüche, die man jetzt wieder hören kann, die Gefahr mit sich, daß in Deutschland der Antisemitismus wieder auflebt – auch wenn es in diesem Land kaum noch Juden gibt. Mehr beunruhigt mich der Judenhaß in Polen, in der Sowjetunion, leider auch in Ungarn, wo ebenfalls das leibhaftige Feindbild kaum noch existiert.

Ich bin jüdischer Herkunft, aber als katholischer Christ getauft; auch meine Eltern liegen beide christlich begraben in Zürich am Zürichberg. Ich habe meine Herkunft nie gespürt, bis Hitler an die Macht kam. Für ihn war ich Jude. Als er seine Greueltaten an den Juden verübte, empfand ich einen tiefen Schmerz und fühlte mich genauso getroffen wie jeder Jude: Mit der jüdischen Religion verbindet mich eigentlich nichts, aber wie der Erzbischof von Paris, Kardinal Lustiger, dessen Mutter in Auschwitz starb und der, schon als Christ, den gelben Stern trug, verleugne ich meine Wurzeln nie.

Nach der Besetzung Frankreichs im Juni 1940 bin ich aus Paris über Spanien nach Amerika emigriert. Das bereitete einige Probleme, denn die Einwanderungsquote für Ungarn lag sehr niedrig, die Wartezeit betrug 20 Jahre. Ich bekam dann ein Besuchervisum, da ich beweisen konnte, daß ich – als getaufter Christ, nach damaligem ungarischen Gesetz – kein Jude bin und nicht unter die – damaligen – ungarischen Judengesetze fallen würde, also jederzeit nach Ungarn zurückkehren könnte. Als Jude galt ich erst, nachdem die Deutschen Ungarn besetzt und die deutschen Rassengesetze eingeführt hatten.

Für Hitler war es ein leichtes, die Juden beim Volk zu diffamieren, indem er sie als Spekulanten bezeichnete, was sie ja teils auch waren. Handels- und Zinsspanne blieben – trotz Hanse und Fugger – durch Jahrhunderte ausländisches Instrumentarium. Die Juden beschäftigten sich mit dem Geldhandel, weil ihnen andere Berufe nicht offenstanden. Das Neue Testament verbietet den Wucher. Also nahmen sie zeitweise eine fast monopolistische Stellung auf diesem Sektor ein, der Vater gab den Beruf an den Sohn weiter. Später spielte es in der antisemitischen Propaganda noch eine Rolle, daß viele Juden aus einem gewissen Drang, aus der Diaspora herauszukommen, große Karrieren gemacht haben (das provozierte den Neid der anderen); nicht nur in Finanzberufen, sondern auch in der Mathematik, in der theoretischen Physik oder in der Musik. In jedem Fall ist der Geldhandel keine genuin jüdische Domäne. Die Chinesen waren darin genauso versiert, auch die Armenier. Und an Wall Street findet man heute jede Rasse, jede Nationalität.

Ich möchte dieses ernste Thema (das aber nun einmal auch zur Lebenserfahrung des »kosmopolitischen alten Juden« gehört) mit einer tröstlichen Geschichte abschließen.

Vor Jahren besuchte ich wieder einmal Venedig. Nachdem ich bereits durch unzählige Gäßchen und über eine Vielzahl von Brücken gewandert war, fand ich mich auf einem geschlossenen Platz. Plötzlich kroch aus einem der Keller eine alte zahnlose Frau, in Fetzen gehüllt, und begrüßte mich freundschaftlich: »Schalom« (hebräisch: Friede). Ich war im jüdischen Getto. Der Platz ist arm und leer.

Die Alte versuchte, mir auf italienisch ihre Dienste anzubieten, das Getto zu besichtigen. Wir gingen durch ein paar armselige Gassen. »Hier ist die alte, hier die neue Synagoge, hier das Altersheim, hier das Kinderheim, die Talmudschule«, sagte die Alte. Aber ehrlich gesagt, es war nicht interessant, und ich fragte aus reiner Routine: »Und wie viele leben hier in diesem Viertel, das ihr Getto nennt?«

»Ach, Signore«, war die Antwort, »wir sind 300 geblieben. Einst waren wir hier 30 000 Juden – trente mille. Es wimmelte von Menschen, jungen und alten, Händlern und Handwerkern. Aber das ist alles lange her.« Ich dachte an das Unheil, das Hitlers Legionen angerichtet hatten. »Und wo sind sie alle«, fragte ich, auf das Entsetzlichste vorbereitet.

»Ach«, sagte die Alte seufzend und melancholisch, »sie sind alle weg, weit von hier. Auf der Piazza San

Marco, am Canale Grande. Sie sind Negozianti, Bankieri, Millionari . . .«

Fliege und Monokel

Ein Journalist schrieb einmal, kaum jemand habe für die Börse so viel getan wie André Kostolany – weil ich eine ganze Generation »verführt« hätte, sich mit der Börse zu beschäftigen. War das wirklich so positiv gemeint? Ich will es annehmen.

Natürlich bin ich für Zustimmung und Beifall empfänglich. Darum schreibe ich ja Bücher und halte Vorträge. Nicht die zehn Prozent Autorenhonorar sind mein Vergnügen, sondern der zehnfache Betrag, den die Leser bereit waren, für meine Gedanken zu opfern. Zweifellos ist die Tatsache, honoriert zu werden, die größere Freude als das Geldverdienen selbst. Auch für arrivierte Künstler bleibt der Erlös für ein Bild die wichtigste Bestätigung ihres Erfolges. Und selbst eine sehr reiche, schöne Frau wird mit Vergnügen für Modellfotos Honorare nehmen, sind sie doch der beste Beweis, daß sie tatsächlich schön und begehrenswert ist.

Auch der Kontakt zur Jugend bedeutet mir viel. Wenn mich Studenten zu Vorträgen einladen, spüre ich zunächst immer großen Respekt bei ihnen, bis sie dann merken, daß ich ein ganz einfacher Mensch bin und bereit, mit ihnen stundenlang zu plaudern. Als ich selbst an der Börse anfing, habe ich das meiste dessen, was man durch Überlieferung (und nicht durch eigenes Handeln) lernen kann, von alten Börsenprofis erfahren, die 30, 40 Jahre älter waren als ich. Heute sind meine Schüler oft 50 oder 60 Jahre jünger als ich.

Manche Gespräche haben gar nicht mal mit Finanzgeschäften zu tun. Junge Leute wollen von mir zum Beispiel auch in Fragen der Umgangsformen und Etikette lernen, Höflichkeit oder Kleidungstips etwa. Einige kopieren mich sogar in der Kleidung, nicht unbedingt, daß sie nun auch Fliege tragen, aber doch den Stil. Fachmann in Fragen der Kleiderordnung war ich schon immer. Eine meiner besten Anlagen, antwortete ich kürzlich bei einem Interview, war meine Garderobe. In meiner Jugend habe ich viel Gewicht darauf gelegt, vielleicht weil ich Komplexe wegen meines Äußeren hatte, ich hielt meine Physiognomie für unbedeutend, jedenfalls war ich kein gutaussehender junger Mann. Deshalb zog ich mich sehr gut an, ich war damals so etwas wie ein – freilich immer korrekt gekleideter – Dandy. Den Tip gebe ich immer, wenn ich gefragt werde: Man sollte sich eher etwas zu konservativ, aber nie zu modisch geben. Ungefragt kritisiere ich niemals, wie sich jemand ausstaffiert, ich möchte keinen auf diesem empfindlichen Gebiet verletzen.

Manchmal kann ein Accessoire die ganze Erscheinung retten. Ein guter Freund aus Budapest besuchte mich regelmäßig an der Côte d'Azur. Eines Sommerabends waren wir zu einer eleganten Cocktailparty eingeladen. Er war in puncto Garderobe sehr heruntergekommen, und ich konnte ihm mit seinen ein Meter achtzig nicht aushelfen. Was tun? Ich kam schließlich auf die Idee, ihm ein Monokel zu besorgen, das verleiht jedermann im Handumdrehen Eleganz. Tatsächlich machte er im Glanz der mondänen Party eine gute Figur. Dabei muß ich an Ferenc Molnár denken, der einmal sagte: »Es ist sehr elegant, Monokel zu tragen, aber man sieht doch besser ohne.«

Für alle meine drei Karrieren gilt: Nicht der neue Besen kehrt gut, sondern der alte. Die materielle gab mir auch die intellektuelle Unabhängigkeit, jedem, den ich nicht mag, und besonders all jenen, die mich nicht mögen, Goethe zitieren zu können. Es ist logisch, daß man in einem solchen Fall viele Neider hat. Das stört mich aber nicht. Denn ich wünsche mir lieber tausend Neider als einen, der mich bedauert. Nichtsdestoweniger habe ich Hunderte Freunde; mein jüngster ist 15, mein ältester ist mit 105 kürzlich verstorben. Beruflich geht's von Schülern bis zu Professoren und Multimillionären, in der sozialen Hierarchie von kaiserlich-königlichen Prinzen und kirchlichen Fürsten bis zu kleinen Gaunern und Taschendieben.

Und was habe ich nicht alles erlebt, wo habe ich noch nicht gelebt und spekuliert? Vor einiger Zeit hatte ich Probleme einzuschlafen, und da begann ich zu zählen, eine alte Methode. Nicht Schäfchen, sondern zunächst meine Schulkameraden, dann die Städte und Länder, in denen ich gelebt, die Opern, die ich besucht und die Frauen, die ich gekannt habe. Aber erst als ich die Broker durchging, die es mit mir zu tun hatten, und die Börsen, an denen ich zu tun hatte (in beiden Fällen eine runde Zahl von 75), wurde ich ruhiger, und bei der 50. Börse, ich glaube, es war in Lissabon, bin ich dann eingeschlafen.

Welche Nach- und welche Vorteile bringt mir das Alter? Mit dem Alter verändert sich die generelle psychologische Einstellung und auch das Empfinden der Zeit. Als junger Mann erschien es mir sehr dringend, schnell Geld zu machen, ich fühlte mich sehr von abenteuerlichen, riskanten Spekulationen, ja, vom Spiel angezogen und dachte sehr kurzfristig. Heute sehe ich die Dinge des Lebens mit Gelassenheit und einer gewissen philosophischen Einstellung: Ich weiß nicht, was morgen sein wird, aber ich weiß, was gestern war und heute ist, und das ist schon sehr viel. Nun denke ich langfristig und plane auf Jahre, dabei weiß ich nicht einmal, ob ich in einem Jahr noch da bin. Die Zeit vergeht mir heute zu schnell – nicht in Gelddingen, da habe ich große Geduld –, doch um allen meinen Interessen nachgehen zu können, brauchte ich einen 48-Stunden-Tag.

Ich kann keine neuen Materien mehr erlernen, die ich nicht vorher schon studierte. Dagegen werden wir Alten immer kreativer in unserem Fach. Jeden Tag lerne ich dazu, jede kleinste Lebenserfahrung, jedes kleinste Ereignis wird in meinen persönlichen Computer (meinen Kopf) gestopft, aufgenommen, gewichtet, das Überflüssige rausgeschmissen und nur das Wesentliche automatisch unter allen alten Kenntnissen klassifiziert.

Durch die unzähligen Probleme auf dem Finanzmarkt mußte ich mich ständig konzentrieren, und so trainierte ich eine Eigenschaft besonders intensiv, die nach Ansicht vieler Psychologen sehr selten ist: Wenn ich meinen Kopf nicht brauche, kann ich ihn abschalten und darin einen totalen »black out« schaffen; wenn ich ihn dann wieder brauche, um ein Problem zu lösen, kann ich das »Licht« anschalten, und sehe die Situation so klar, als sei sie mit Reflektoren beleuchtet. – In meinem Arbeitszimmer ist die größte Unordnung, ein wahrhaftiger Stall, aber in meinem Kopf ist noch immer die größte Ordnung.

Ein 25jähriger fragte mich einmal etwas schadenfroh

und böswillig, ob ich mit ihm tauschen würde? »Natürlich«, war meine Antwort, »unter der Bedingung jedoch, meine Erfahrung und meine Erlebnisse in einem Koffer mitnehmen zu können!« Er wußte nicht, daß auch das Alter seine Pläsierchen hat. Er konnte auch nicht wissen, daß wir über 80jährigen von der Stadt Paris ein besonders großes Geschenk erhalten: Wir können in der U-Bahn von 9 bis 17 Uhr mit dem Billett zweiter Klasse in der ersten fahren. Das Leben fängt mit 85 erst an. Habe ich nicht recht?